ZERO POINT

最後の冒険家

石川直樹

集英社文庫

――神田道夫さんに捧ぐ

最後の冒険家　目次

第6回開高健ノンフィクション賞受賞作

最後の冒険家

はじめに

２００８年２月15日、北太平洋上空で熱気球に乗ったまま行方がわからなくなった神田道夫の捜索は打ち切られた。２月１日に神田と日本の遠征本部との連絡が途絶えてから２週間以上の時間が経過し、アメリカの沿岸警備隊はその間も捜索を継続してきたが、神田が最後にいたと思われる地点から北東に約５６０キロ離れた上空で何かの漂流物を見た、という雲をつかむような情報を得ただけで、気球もゴンドラも、そして神田自身も発見できなかった。つまり、いまも彼は行方不明のままである。

最後となるかもしれない彼の遠征について、それが成功しても失敗しても詳細な記録として残したい。その気持ちがこの文章の出発点である。そして、それはぼくが書く。２００４年におこなわれた最初の太平洋横断遠征に同乗したパートナーとして、あるいは気球の技術を一から教えてもらった弟子として、そして生死を共にした年若い一人の友人として。

第一章　出会い

こうやって人は死んでいくんだろうな、と思った。自ら命を絶とうとしているわけではもちろんないし、病気にかかっているわけでもない。ビルの屋上などにある貯水槽を改造したクリーム色のタンクの中に入って、ぼくは冬の太平洋の真ん中を漂っている。上にあるハッチの隙間《すきま》から時々海水が入ってきて、溜《た》まった水がタンクの底のほうでちゃぷちゃぷと不快な音を立てている。

今は膝下《ひざした》までの水位しかないけれど、やがて太ももまで浸《つ》かって、胸まできて、首を越えて……、と考えていくと、そこで思考を打ち切らざるをえなかった。タンクが沈む前にハッチを開けて脱出し、今着ている分厚い羽毛服の上下のまま、真っ暗な海に飛び込んだらどうなるだろう。水を吸った羽毛服は身体《からだ》を浮かせてはくれないはずだ。でも冬の海で衣類を脱いで飛び込んだら、間違いなくハイポサーミア、つまり低体温症になって、生き延びることはできない。外に浮かんでいるはずの球皮につかまってみようか。いや、だめだ、すぐ沈むに決まっている。

「死ぬかもしれない」と思ってからも、どうやって生きるかということを冷静に考えてみるだけの余裕はあった。時化《しけ》のために上半身を起こしただけで激しい酔いに見舞われるものだから、身体も満足に動かすことができず、頭の中で思案することしかできなかったのだ。ぼくは半分まぶたを開いて、薄暗いクリーム色の壁の先にある天を仰ぎながら、高度８０００メートルの空から海までやってきて、次はどうすれば陸地へ戻ることができるか、ということを長いあいだ考えていた。２００４年1月28日未明、ぼくは神田道夫とともに漆黒の太平洋上を漂うタンクの中から脱出できないまま、海に沈みかけていた。

冒険家・神田道夫とはじめて出会ったのは、２００3年夏の暑い日、東京・青山《あおやま》のとある喫茶店である。当時ぼくは26歳で、まだ大学院の学生だった。もうその喫茶店がどこにあるのかさえも忘れてしまった。店内はおよそ青山という場所に似つかわしくなく、メニューはサインペンによる手書きで、ありがちなオフホワイトの壁紙はタバコのヤニで汚れていた。

ぼくは表参道《おもてさんどう》で打ち合わせを終えた帰りで、神田さん（以下、敬称略）には「19

時に青山で会いましょう」とだけ伝えてあった。待ち合わせ場所を決めていなかったので、彼は現地でその喫茶店を見つけ、店内から電話をかけてぼくに場所を案内してくれた。

どうして神田がぼくに会おうとしているのか、その理由はあらかじめ知人から聞いていた。54歳だった神田は、翌年に実行を計画している熱気球による太平洋横断遠征のパートナーを探しており、共通の知人を介してぼくに連絡をくれたのだった。そのときはまだ太平洋横断もなにも、気球がどういうもので、神田がどのような計画をたてているのかもまったくわからなかった。ただ、神田は冒険や探検の世界では有名だったし、気球に無知なぼくも名前くらいは聞いたことがあったので、単純にどんな人か会ってみたいという気持ちだけはあった。

喫茶店は閑散としており、客はほとんど入っていなかった。奥の方に初老のサラリーマンが座っていただけで、多少大声で話したとしても誰《だれ》かの耳に届くことはない。神田は先に到着していて、4人がけのテーブルに一人で座っていた。ネクタイにジャケットを羽織っていたので、仕事帰りなのだろう。どちらかというと小柄で、痩《や》せても太ってもいるわけではなく、一見するとどこにでもいそうなお父さんである。豪放だけどちょっとだらしない冒険家タイプでもなかったし、ゴーグル焼けの黒い顔から目だけぎらぎらさせているような登山家タイプでもない。長年世界を旅してきた旅行者のような達観した空気をもっているわけでもないし、自転車乗りや長距離ライダーのような荒っぽい野性味もなかった。今まで出会ってきた数々の旅人とはあきらかに異なるタイプで、このような機会がなければ、日常生活でぼくと彼が言葉を交わすことなどなかっただろう。

お互い名前を名乗って挨拶《あいさつ》をした後、「お会いできて嬉《うれ》しいです」とぼくは言った。決して社交辞令ではなく、彼と会えてぼくは本当に嬉しかった。神田は、ヒマラヤの8000メートル峰、ナンガパルバットを熱気球で飛び越えた功績によって2000年度の植村直己《うえむらなおみ》冒険賞を受賞している。噂《うわさ》は空の世界と縁がなかった自分のところにも届いてきており、そのような人物に会えて嬉しくないわけがなかった。

神田はぼくに名刺を2枚差し出した。彼が勤めている埼玉県の川島町《かわじままち》役場の名刺と個人の名刺があり、個人の名刺には「日本熱気球飛行技術研究会会長」とある。不思議な肩書きだと思った。一般的に想像できる冒険家らしい堂々とした態度はなく、どちらかといえば謙虚で実直な印象だった。しかし、無口という雰囲気ではない。

彼はカバンをまさぐりながら、自分の冒険の履歴が年表になっている雑誌記事のコピーを取り出すと、一気に話し始めた。人ははじめて会えば世間話や雑談からはじまり、どこでお互いを知ったかなどを話したりするものだが、彼の場合は一切そういうことがなかった。単刀直入である。余計なことは喋《しゃべ》らない。声は大きいが、いくぶん伏し目がちで、ほとんど目を合わせようとしなかった。
その履歴は箇条書きになっていた。

1949年12月　誕生
1977年　ファーイーストバルーンクラブに入会、熱気球を始める
1979年2月　熱気球操縦技能証取得
7月　熱気球による富士山越え飛行
1980年5月　熱気球による日本初の北アルプス越え飛行
1983年2月　熱気球による日本初の本州横断飛行
（石川県金沢市から栃木県小川町《おがわまち》まで303キロメートルを飛行）
1984年2月　熱気球中軽量級の長距離世界記録達成
（島根県隠岐島《おきのしま》から長野県飯田《いいだ》市まで419キロメートルを飛行）
1986年11月　熱気球中軽量級の高度日本記録9569メートル達成
1988年11月　熱気球中量級の高度世界記録1万2910メートル達成
1990年5月　熱気球による世界最高峰エベレスト越えに挑戦
（ヒマラヤ上空1万メートルを世界初飛行、エベレスト越えは断念）
1993年2月　熱気球による東シナ海越えに成功

（中国上海《シャンハイ》近くの江蘇《こうそ》省如東《じょとう》県から熊本県産山村《うぶやまむら》まで940キロメートルを飛行）

1994年6月　熱気球中重量級の長距離世界記録達成
（オーストラリア・西オーストラリア州ムレワから南オーストラリア州フロムダウンまで2366キロメートルを飛行）

1997年2月　熱気球中重量級の滞空時間世界記録達成
（カナダ・アルバータ州カルガリーからアメリカ合衆国・モンタナ州ジョーダンまでを50時間38分間飛行）

1998年9月　熱気球によるK2越えに挑戦、気象条件により飛行を断念

2000年10月　熱気球による西ヒマラヤ最高峰、ナンガパルバット越えに成功

喫茶店のテーブルの上には、過去の冒険に関する新聞記事や資料のコピーがうずたかく積み上げられていく。彼はいわゆる冒険譚として、身ぶり手ぶりを交えて大袈裟《おおげさ》に語ったり、ことさら苦労を強調するようなタイプではない。事実だけを自分の言葉で語る。それもシンプルな言葉だから、どんなに大変だったか、あるいは大変でなかったか、それさえもわからない。もしかしたら話す相手が冒険家と呼ばれたこともあるぼくだから、そういう説明の仕方をしたのかもしれないと思う。

これまでの遠征について一通り簡単な説明を聞くと、ぼくは「すごいですね」と言った。それぞれの記録がどれだけ大変なことなのか、まったく実感をもって理解できたわけではなかったが、おそらく驚異的な実績なのだろうし、何よりその勢いのある喋りぶりに圧倒されて、そうとしか言えなかった。そんなぼくの様子を見てとったのか、彼は口調をゆるめて言った。

「わたしもね、気球に乗り始める前は川下りなんかをやっていたんですよ。自分でイカダを作ったりしてね」

彼のはじめての冒険は、高校三年の夏に地元の埼玉で敢行した荒川《あらかわ》下りだった。たった一人で秩父《ちちぶ》から大宮《おおみや》までを安手のゴムボートで下ったという。いわゆるラフティングの先駆けである。21歳のときには、激流で知られる熊本の球磨川《くまがわ》を下り、その帰り道、ちょうど開催されていた大阪万博に立ち寄って「月の石」を見学した。

日本の三大急流をやっつけようと、今度は山形県の最上川《もがみがわ》を下った。最終的には山梨県の富士川《ふじかわ》を下って冒険は一段落するはずだったのに、テレビのドキュメンタリー番組でニュージーランドの最高峰マウントクックを飛び越える熱気球の勇姿を見ると、「これだ!」とばかりに彼は空の世界へと身を投げ出すことになる。しかも、気球をはじめてから徐々にステップアップして冒険飛行へと踏み出していったのではなく、彼にはまず誰もやったことがない冒険をしたいという気持ちが先んじていた。未知の冒険という意味で川下りに限界がある一方、まだ日本ではそれほど身近な乗り物ではなかった気球による空の冒険は、限りなく開拓しがいのある分野だった。

激流下りも気球も、自然が生み出す〝流れ〟を利用するという点では共通している。自転車や登山のような体力勝負ではなく、水や風の流れを読んでそこに身を委《ゆだ》ねなければならない。川でのラフティングと空を飛ぶ気球、どちらの冒険も論理的に攻めるというよりは、その場その場の読みと直感がより重要視される。神田は綿密で合理的な計算に基づいて何かを達成するというよりは、研ぎ澄まされた身体感覚で厳しい現場を状況に応じて巧みに乗り越えていくタイプだった。川下りから気球への進路変更は、神田のその後の人生を決定づけることになる。

神田が本格的に気球をはじめた1977年は、ぼくが生まれた年でもある。当時はすでに植村直己氏が日本人初のエベレスト登頂を果たしており、1978年にはその植村が世界初の犬ゾリ単独行による北極点到達を成功させている。まだ地理的な探検や冒険がかろうじて可能で、遠征の成功が多くの人々から最大級の賛辞をもって受け入れられる、そんな最後の時代でもあった。あとになってぼくは神田から、植村直己の講演会にでかけた話を聞いた。

「想像していたよりも小柄で、全然ふつうの人だったよ」と、そのときの印象を彼は語るが、彼だって「全然ふつうの人」である。若き神田道夫は、時代の空気にも後押しされて、気球による冒険の世界を全力で駆け抜けていくことになったのだ。

原点である川下りについて話し終えると彼はしばし無言になり、ここからが本題とばかりに、喋るスピードをまた少しだけ落とした。

彼は資料のほうばかり見ていて、なぜかぼくを正視しようとはしない。しかし、彼が真剣そのものであることは、その力のこもった話しぶりから強く伝わってきた。

「太平洋横断計画について話します」

どこかあらたまってそう言うと、彼は計画の詳細について話しはじめた。高度1万メートル付近を流れる偏西風、つまりジェット気流に乗って、時速150〜200キロで東へ向かい、約60時間で北米大陸の〝どこか〟へ到着する。離陸日は1月から2月末までのジェット気流が最も強くて安定する時期の一日をねらい、成功すれば世界では2番目、そして日本初の快挙であるという。

過去、太平洋横断を熱気球によって成功させたのは、1991年2月、ヴァージングループの会長を務めるイギリスのリチャード・ブランソンとスウェーデンの気球製作者であるパー・リンドストランドによる一例のみだった。ヴァージングループは、ヴァージンアトランティック航空をはじめとする32社以上の関連会社をもち、年間およそ数兆円もの売上高を誇る巨大企業である。ブランソンらはその遠征に数億円を投じ、気密ゴンドラと最新鋭の機器に囲まれて、ゴージャスな冒険に興じた。密閉されて室内の気温を調節できる気密ゴンドラのなかではTシャツで過ごすことが可能で、しかも高性能な自動操縦装置なども使っており、肉体を酷使する従来の冒険と彼らの遠征は趣が異なっていた。ちなみにブランソンらは1986年にスピードボートによる大西洋最短横断記録、翌1987年には熱気球による大西洋横断にも成功している。

一方、神田は少ない予算のなかで自ら球皮の生地を選び、知人と協力してミシンで縫い合わせながら気球を製作し、しかもゴンドラはビルの屋上などにある貯水タンクを改造して作るという。貯水タンクは気密式ではないから、結局は生身の身体を高度1万メートルにさらしながら飛行することになる。たとえ素人でも、それを聞いただけで、この遠征がただごとではないことが容易に想像できた。

ジェット気流の流れがいい日に離陸しなければいけないので、あらかじめ出発日を決めておくことはできない。1月から2月にかけて60日間におよぶ待機期間が必要となるために、急に出発が決定してもすぐに応じられる人間を神田は副操縦士に選ぶ必要があった。大学院に通っていたとはいえ、会社員などではないし、いつもふらふらと旅の途上にある自分は、お金はなくても時間はある。ぼくはそれまでに南太平洋の離島に住む古老から伝統航海術を学び、カヌーで海を旅したこともあったし、北極から南極までを人力で縦断する国際プロジェクトへの参加、七大陸それぞれの最高峰に登頂するなど、いわゆる「冒険」と呼ばれるような行為を数多くおこなってきた。加えて、ヒマラヤにおける高所登山や極地遠征の経験をもち、日常会話程度なら英語が話せて、探検や冒険の世界についてもある程度は理解している――神田はそのあたりのことを考えてぼくに声をかけてくれたのだろう。

しかし、ぼくには気球に乗った経験が一切ない。出発まで1年を切っている状態で、このような大遠征に自分は参加する資格があるのだろうか。海外遠征の苦労や8000メートルという高所の恐怖は、エベレスト登山などでイヤというほど味わっている。こういった計画に生半可な気持ちで関《かか》われないことは自分自身が一番よくわかっているつもりだった。

だが、神田は強い口調で言った。

「今からはじめればライセンスは十分に取れるし、気球の技術なんてどうにでもなる。今回の遠征で何より大切なのは極地での経験で、石川さんはそれを十分に満たしているから」

ライセンスというのは気球を操縦する資格のことだ。これがなければパイロットとは呼べない。当初は話を聞くだけのはずだったのに、いつのまにか神田の言葉に心を動かされつつある自分がいた。

(この話にのってみようか……)

過去に経験したさまざまな旅が思い出される。登山にしても川下りにしても最初は何一つわからなかった。経験を積み、装備を徐々に買い揃《そろ》え、ある程度の時間をそのフィールドで過ごすことによって、人はそれぞれの場所で身軽になれる。神田についていけば気球を自在に乗りこなして、空を自由に飛べるようになるかもしれない。なにより神田には人を信頼させるだけの純粋さと揺るぎない気持ちがあって、ぼくはそのあたりにも惹《ひ》かれはじめていた。

まだまだ曖昧《あいまい》なこと、不安なこと、わからないことがいくつもあったが、ぼくはその場で返事をした。

「もし自分でも参加できるなら、やらせてください」

返事をしてしまったといってもいい。

神田は顔を上げて表情を変えずにうなずいた。

その瞬間、ぼくの新しい旅がはじまった。都市を歩き、大地を走り、山を登り、川を下り、海を渡る旅をこれまで繰り返してきたが、自分のなかに残る最後のフィールド、空へとぼくは神田とともに身を乗り出すことになったのだ。

第二章　気球とはなにか

栃木県の渡良瀬遊水地《わたらせゆうすいち》周辺には、見渡す限り田んぼや畑が続き、都会に比べると空が圧倒的に広く感じられる。神田と出会った翌週から、ぼくは毎週末、神田に連れられて渡良瀬へ通い、練習に明け暮れることになった。渡良瀬はスカイスポーツが盛んで、週末は空を見上げれば必ず視界のどこかに気球の姿を見ることができた。障害となるような高層建築物が少なく、気球が離着陸できる空き地や休耕田が多くある場所でなければ実際に飛行して練習をすることは難しい。そういった条件をすべて満たし、ほとんど季節を問わず一年中飛ぶことができるという最適なロケーションが渡良瀬にはあった。

２００４年1月の離陸までおよそ半年のあいだに、パイロットを名乗るための熱気球操縦技能証、すなわち気球のライセンスをぼくは取得する必要があった。ライセンスを取ることはそう簡単ではなく、いくつかのステップを踏まねばならない。まずは日本気球連盟に入会し、スチューデントパイロットの講習会を受講しつつ、インストラクターとの同乗訓練飛行を10回以上かつ10時間以上おこなう。さらに実技試験と筆記試験に合格してようやくライセンスが取得できるという仕組みになっている。

いきなり自分で気球一式を購入するわけにはいかないので、最初は誰《だれ》もがクラブに所属して気球のキャリアをスタートさせる。渡良瀬では気球の所有者たちがグループを作りながらそれぞれ活動しており、そのなかの一つ、神田の友人でもある笠原博さんが作った「流れ星バルーンクラブ」の仲間にぼくは加えてもらうことになった。笠原は渡良瀬にクラブハウスをもっており、雑魚寝《ざこね》だがそこに泊まることも可能なので、ぼくと神田は毎週末、笠原のクラブハウスで一泊させてもらって翌日の訓練飛行に備えた。

クラブハウスには年齢も性別も異なるさまざまな人が集っていた。神田の古くからの友人もいれば、誰かの知り合いの知り合いだという大学生や会社員もいる。みんながみんな気球の経験者というわけではもちろんなく、気軽な気持ちでやってきた未経験者もたくさんいた。そういった人たちの一部が体験飛行によって空の世界を忘れられなくなってクラブハウスに通い始めることになる。

日本ではこうした余暇の遊びとしての気球がまずあって、その次に競技気球へとステップアップしていく例がほとんどである。二〇〇八年現在、連盟に登録されている国内の熱気球はおよそ700機以上もあり、日本は世界第4位の競技人口を有するまでに至った。ただその大部分は競技としての気球に関《かか》わる人たちなので、世間では気球が競技のためだけに存在していると思われている節がある。神田のように競技には目もくれず冒険飛行にばかり熱心な人は、実は非常に希《まれ》なのだ。ちなみに、神田もつきあい程度に競技をこなしていて、実際は競技のほうもなかなか上手《うま》かったという。

日本国内ではそのような状況だが、世界の主流はお客さんがお金を払って乗せてもらう商業気球である。アフリカの観光地やオーストラリア、アメリカ、カナダなどでも観光気球が盛んだ。そういった土地ではほとんど毎日気球が飛んでおり、球皮や機材の消耗も激しいから、商品としての気球も効率よく回転する。日本で飛んでいるのはせいぜい3人とか4人乗りの気球だが、人が集まる有名な観光地では、それでは仕事にならないために、10〜15人が乗れる大型気球もどんどん売れているという。最低でも何年かに一度は必ず大型気球を買ってくれる観光地は、気球メーカーにとってお得意様である。実際、気球メーカーの売り上げの大部分はそうした観光地における需要で成り立っていた。

ヨーロッパやアメリカでは競技気球をおこなう人々の一部が休日を利用して、家族や友人と気球に乗ってピクニックに出たりもするが、日本で休日に気球を楽しむ家族はそんなに多くないだろう。第一、そのようなことができる場所が限られているのだから仕方がない。渡良瀬はピクニックをするという雰囲気ではないけれど、東京から車に乗って数時間で行けるギリギリの距離にあり、関東一円の気球の窓口なのだ。

訓練飛行の前夜である土曜の夜は、初見の人も経験者も関係なく渡良瀬のクラブハウスに集い、一緒に晩ご飯を作ったりしながら、酒盛りをする。遠征のことになると途端に真剣になる神田も酔うと親しみやすい近所のおじさんと化し、いつも以上に早口で饒舌《じょうぜつ》になった。最初はまじめな気球談義や太平洋横断遠征の作戦会議をしているが、すぐに過去の遠征の失敗談などへと広がって、場に笑いが起きる。神田は顔を真っ赤にさせながらまじめに体験を語り、それが逆に笑いを誘って場が和《なご》んだ。そうした反応に神田もまんざらではなさそうな様子で、話は尽きることがない。ただ、彼が語るのは気球にまつわることばかりで、家族のことや職場のことなど、気球と関係ない話はほとんどしなかった。家では誰も自分の趣味の話など聞いてくれなかったのだろう。クラブハウスでの会話なので気球の話題になるのは当然といえば当然なのだが、それを差し引いても大好きな気球の話をしている神田はいつも幸せそうだったし、気球が人生そのものだという生きる姿勢が彼の一挙一動から常に感じられた。気球という趣味にすべてを捧《ささ》げるその一途《いちず》な様子が、皆の心を神田に惹《ひ》きつけ、誰もがボランティアでの協力を惜しまなかった理由の一つだろう。自分にはできないけれど神田ならやってくれる、そんな気持ちも外野にはあったのかもしれない。

笠原のクラブハウスには神田の気球「天の川」が保管されていた。この「天の川」は本番の太平洋横断で使用する巨大気球「天の川2号」をそのまま小さくしたもので、これまでの経験によって設計された神田のオリジナル自作気球である。球皮の内側にアルミを貼《は》った二重構造になっていて、これで太陽熱を生かしたソーラー効果が期待できるということを彼は酒の席で何度もぼくに力説してくれた。

本番で使用する「天の川2号」は、その大きさゆえにセッティングをするだけで数十人の人手を要し、一度空に浮かべると球皮へのダメージも相当蓄積することになる。だから「天の川2号」は来年の離陸まで温存し、それまではまったく同じ構造の小さな気球で練習していくのだ。

笠原も「流れ星」という「天の川」と同サイズの気球を所持しており、酒盛りの翌朝は、それらの2機を使って空を飛ぶことが慣習となっていた。気球を飛ばすには最低でも4人程度の人員が必要になるのだが、クラブハウスにはいつも多くの人が集まっていたから人手には困らない。

日の出の少し前、朝4時過ぎにのろのろと起きだして準備を整えたら、気球を積んだバンや軽トラに乗り込んで、まだ薄暗いうちにクラブハウスを出発する。たいがいぼくは神田が運転する白い軽トラの助手席に乗ることになり、二人きりになった車内でお互いの計画の進捗《しんちょく》状況などを話した。ぼくはアウトドアメーカーのつてを頼って、羽毛服のワンピースをはじめ極地用の装備を二人分そろえ、テレビ関係者から衛星携帯電話を借りるなど備品を調達するのが主な役割だった。また雑誌や新聞などに計画の概要を伝える広報のようなこともしており、そうした諸々の報告をすると同時に遠征計画に関する疑問点や不安を相談したりもした。神田は役場に勤めているし、住んでいる場所もぼくとは離れていたので、二人きりで話せる時間は案外少なかったのだ。だから、河原や空き地やグラウンドなど飛行に適する場所へ向から車内の時間は、いま振り返れば貴重な時間だった。

会えば遠征のことしか話さない神田だったが、たまには普通の会話もする。神田の愛車である軽トラには、天童《てんどう》よしみの演歌のテープが常備されていて、車内は毎回同じ曲が繰り返し流されていた。

「若い人の英語混じりの歌はつまらないからねえ」そうつぶやいていた神田は、どこかのパーキングエリアで暇つぶしのためにこのテープを買い、はまってしまったらしい。気球以外の趣味をもたない神田にとって、唯一の楽しみはビデオに録画した『水戸黄門《みとこうもん》』などの時代劇を見ることだった。仕事が終わってから、冬は日本酒、夏はビールを片手に、家の居間でのんびり見るのが至上の喜びだったようだ。天童よしみといい、『水戸黄門』といい、神田の嗜好《しこう》はぼくから見たら老齢の境地といった感がある。

スポーツには関心がなく、恋愛ドラマやお笑い番組など作られたものにも神田は興味を示さなかった。時代劇以外で彼が好んで見たのは、自然ものやノンフィクションなど現実を描くものばかりである。また、決して読書家ではなかったが、気球関係の本はよく読んでおり、特に最近では太平洋戦争の際に実際に日本軍に使用された「風船爆弾」の本に夢中だった。他には漫画雑誌の『ビッグコミック』を毎号欠かさず読んでいた。

パソコンなどとも無縁な生活をおくっていた神田だが、太平洋横断を遂行するにあたって仲間とのメールのやりとりも不可欠ということになり、友人に尋ねながら電子メールのやり方を覚えようとしていた。インターネット関係の話になったときに、神田がやたらと「ヤッホー」という言葉を乱発するので皆が首をかしげていたら、それが「ヤフー」のことだったという笑い話もある。ただ、神田は電子機器の類《たぐい》に滅法弱かった代わりに、動物的な勘は非常に優れており、特に地理に関しては知らない土地でも「大体この辺でいいだろう」といって行ってみると、必ず当たった。もちろんカーナビなどは一切使わない。

仕事以外の時間をほとんど気球関係のことに費やしてきた神田だが、気球をはじめる以前に一つだけ熱中していたのは、写真である。当時の仕事が役場の広報だったこともあり、彼は中判カメラのアサヒペンタックス6×7を所有して、仕事で風景写真を撮るかたわら自分でプリントをするなど暗室作業もこなしていた。何事にも没頭し、やるからには上を目指していくストレートな性格の神田は、写真のコンペにも応募して小さな賞をいくつか受賞している。中でも、まだ小さかった双子の娘を撮って、埼玉新聞社賞という賞をもらったときが神田の写真熱のピークだった。その作品は4点のパネルで一組になっており、物語が構成されている。二人の娘におもちゃを持たせて撮影し、次に神田がその一つを取りあげて娘が泣き出したところをまた撮影し、さらにおもちゃを返してあげて笑ったところを撮影するというなかなか凝ったものである。

そうした時代に、神田は気球と出会ってしまった。写真も続けていきたかったが、「写真は体力を使わないから後でもできる。冒険は今やらないとできないから」という理由で、写真をきっぱりやめ、気球に全精力を傾けることになったのだ。

２００３年当時54歳だった神田はぼくの父親とほとんど同年齢であるばかりでなく、神田の長男とぼくは同い年だった。ぼくたちは親子ほど年が離れていたからこそ、考えや嗜好の違いなどからくる衝突などはまったくといっていいほどなかった。ぼくは彼を尊敬していたし、彼もぼくに何かを無理強いさせるようなことがなかったからかもしれない。

神田は埼玉県比企《ひき》郡の川島町で生まれ育ち、職場も地元の町役場を選んだ。川島町自体は、田んぼや畑などの田園風景が続くのどかな町である。町には神田がはじめての冒険に興じた荒川が流れ、サイクリングロードがある川沿いは、散歩をする家族連れなどで賑《にぎ》わう。神田の家の前からは美しい秩父の山々が見渡せて、庭には手入れの行き届いた草木が植えられている。

「ずっと狭い世界で生きてきたからね。だから、熱気球と出会って一気に世界が広がった」と率直に語る彼は、自宅と同じ川島町にある役場に勤め、広報、総務課、水道課、教育委員会など部署を転々としながら、今は学校給食センターの所長になっている。給食センターとはいえ、肩書きは所長なので実際に給食を作るわけではなく、ほとんどが外回りや事務的な仕事だった。給食センターの所長という役職は、一般の会社でいうと、課長と係長のあいだにあたるという。

支給された地味な作業着に身を包んだ公務員でありながら、それと同時に休暇をフル活用して次々と冒険へ繰り出していく。そうしたスタイルを貫く神田は、希有《けう》なアマチュア冒険家であるといえるだろう。プロになった冒険家は企業をはじめとするスポンサーをバックに大遠征をおこなうことも可能だが、四方八方から現れる足かせやプレッシャーによって、逆に自分を追い詰めてしまう傾向にある。「やりたい」と思う純粋な動機から離れ、「やらざるをえない」状況となり、自分のための遠征がいつの間にか他人のためにおこなう遠征にすり替わってしまう。そうすると、自らの決断で立ち止まることができなくなってしまうのだ。完全にそうであると言い切れないまでも、そのような形で命を落としてきた冒険家をぼくは何人か知っている。

幸か不幸か、神田はそういうタイプの冒険家ではなかった。普通の企業に勤めていたら、神田の気球による挑戦が会社のイメージアップなどにつながって休みも資金も潤沢に与えられたかもしれないが、彼の場合は公務員なので、気球はあくまで私事でしかなかった。彼は彼で細々とスポンサー探しもしたが、太平洋横断に関していえば金銭面でのバックアップは、わずかな寄付以外は得られていない。もちろん身銭をきるつらさはあるし、協力してくれる仲間の顔は浮かぶけれど、基本的に立ち止まることも引き返すことも挑戦する側の自由である。

神田は役場の仕事を休むことによって同僚から冷遇される向きもあったが、もちろん多大な声援も受けている。若い職員からしてみたら、これほどまでに堂々と仕事を休んでくれる上司がいたら、さぞや心強かっただろう。有給休暇がたまってもなかなか休みが取りにくい雰囲気の会社が多い中、ぼくが同じ職場にいたら、神田に続けとばかりに、自分の情熱を最大限趣味に捧げるはずだ。神田は自分でも笑いながらこんなことをよく言っていた。

「俺《おれ》は課長さんとか部長さんにはなれないよ」

彼はいわゆるノンキャリアだったが、ノンキャリでもまじめに頑張れば役職にはつけるだろう。ただし、部長などになったら気球による遠征はおろか、休むことだってままならない。彼が追い求めていた夢は、日本の大多数のサラリーマンとはまったく異なっていたのだ。


天童よしみのテープのA面が終わる頃《ころ》、車は河川敷に到着した。数人の仲間と力を合わせて気球のゴンドラと球皮を車から引きずりだすと、セッティングがはじまる。葦《あし》が生えそろった空き地に東から太陽の光が差し込みはじめた。露に濡《ぬ》れた葦が黄金色に輝き、微《かす》かな風に揺れている。地面から立ち上る蒸気があたりを包み、一瞬どこにいるのかわからなくなるほどだ。

プロパンガスのボンベをゴンドラ内の四隅に運び入れ、バーナーを装着し、ボンベとバーナーをつなげる。さらに、球皮を広げてゴンドラと結合させれば、準備の第一段階は終わりだ。言葉で説明を受けるのは簡単だが、これぱかりは何度も実際にやってみなければ覚えられない。カラビナなどの登山道具類をうまく使って、燃料ホース、ワイヤー、ロープなどを混線させないように気を遣う。

次にゴンドラを横倒しにして、球皮の中に巨大な扇風機を使って空気を送り込みながら、バーナーの火で球皮内の空気を暖めていく。暖かい空気は冷たい空気よりも浮く、という単純な仕組みを利用して飛ぶのが熱気球である。球皮に空気を送り込むだけでは浮かび上がらない。その空気をバーナーで熱することによって、ゴンドラ共々、徐々に浮き上がっていくのだ。

バーナーの火で球皮を燃やしてはいけないから、ふくらみかけた球皮の入口部分を仲間に開いておいてもらい、ロケット砲を発射するがごとく、球皮の入口の真ん中めがけて思い切り火を焚《た》くのだ。そうすると中の空気が熱せられて少しずつ気球が起き上がり、やがて垂直に立ち上がる。その状態になってはじめて人が乗り込み、さらにバーナーを焚き続けることによって、気球は飛び立つ寸前の状態になる。

ぼくの初フライトは草野球のグラウンドのすぐそば、渡良瀬の河川敷にある草むらの中からだった。朝露に濡れた草むらを走り回っていたためにいつのまにかジーンズの膝下《ひざした》までぐっしょりと湿っていた。朝の冷たい空気が肌を包み、動いていないとしびれるような寒さがすぐに忍び寄ってくる。

熱い空気に満たされた気球は、朝の冷気を押しのけるようにしてふっと空へ浮かび上がった。本当に音もなく、飛ぶというよりはシャボン玉が空を舞うように優しく浮き上がるのだ。バスケットの中から下を見ていると、グラウンドで野球の練習をしている人々の姿が少しずつ小さくなり、いつしか点になって、最後には見えなくなった。そして、人の話し声も車の騒音も耳に届かなくなり、音も消えた。ぼくは空のただ中にいる。

水平線が見える。田んぼが広がる渡良瀬遊水地の先には小高い山があり、あちこちに池が見えた。道路は蛇行しながらどこまでものび、ぽつりぽつりと民家が点在している。登山で360度のパノラマが楽しめるのは山頂に立ったときだけだが、気球は違う。空に出れば、どこを見ても地球の表面を限りなく見渡すことができる。こんな景色は、今まで見たことがなかった。

通常の気球だと定員は4名である。飛びはじめが肝心で、高圧線や電線など近くの建造物にあたらないようにパイロットは注意を払い、一気に上昇していく。みるみるうちに地面の人影が小さくなり、垂直飛行から水平飛行に移行する頃にはもうスタート地点の地面は見えない。

最初は身体《からだ》の内側から震えだすような緊張感があった。高所恐怖症などではもちろんないのだが、籐《とう》を編んでできているゴンドラの底、厚さ10センチの下は何もないのである。地に足が着いていないとはこのことで、やはり落ち着かないものだ。ぼくはこれまで標高8848メートルのエベレストをはじめとするいくつかの高峰に登ってきた。しかし、それは自分の足でゆっくり登った末にたどり着いた高さであり、大地からそそりたつ岩や氷の感触を足の裏に伴ったものである。飛行機に乗っていてスクリーンに映し出される高度1万2000メートルという表示に実感が得られないのと同じで、自ら登っていないのに高度だけがどんどん高くなっていくという現実には未《いま》だ慣れない。

ゴンドラには高度計が装着されていて、それを見ればどのくらいの高さにいるかがわかる。せいぜい600メートルほどの高さだとしても、ぼくにしてみれば8000メートルの尾根にいるよりも不安だった。しかし、そうしたおそれや恐怖は経験が解決してくれる。神田とともに何度も何度も飛行を繰り返すうちに、迷いは消え、冷静に風を読むことに徹することができるようになってくる。

日本熱気球飛行技術研究会会長という肩書きだけあって、神田は経験に裏打ちされた優れた飛行技術をもっていた。

「いいか、あの葦すれすれに飛ぶから見てなよ」

「はい！」

最初のうちは神田が操縦して、その姿をとにかく見ることからはじまった。熱気球はバーナーの火を止めれば下降するし、バーナーを焚けば上昇する。ただ、バーナーを焚けば瞬時に気球が反応するわけではないので、そのタイムラグの感覚をつかみ、まずは同じ高度を維持する水平飛行ができるようにならねばならない。神田は言葉通り、葦の穂先をかすめてゴンドラを水平に飛行させ、再びさっと上昇させてみせた。遊水地の周辺の葦は背が高く、その下は泥地になっているので万一操縦を誤れば、泥の中に墜落すると同時に葦に火が付いてしまうおそれもある。自信がなければできない飛び方だ。

水平飛行は着陸するときにも応用される。着陸といってもバーナーの火を止めて下降させるだけなら誰でもできる。でも、それだけでは強い衝撃によってパイロットは大怪我《おおけが》を負ってしまうだろう。着陸時はゆっくりと下降し、陸地すれすれを飛びながら、地面とゴンドラが触れるか触れないかというところで滑らせるように軟着陸させなければならない。しかも、そこに障害物があってはいけないし、急には止まれないゴンドラが引きずられていく先の場所のことも考慮しながら、着陸地を選ぶ必要がある。

急ブレーキはリップバルブと呼ばれる球皮の天井パネルを開くことでおこなう。天井から熱気を排出させて、一気に浮力を下げるのだ。神田は片手でバーナーを操作しながら、大声でぼくに指示をする。「いまだ！　リップをひいて！」ぼくは軍手をつけた手で思いっ切りリップバルブからのびたロープを引き、パネルを開く。時には二人だけで乗っていることもあるから、着陸時は確実に二人の力を合わせなければうまくいかなかった。

ようやく気球が動きを止め、着陸が完了すると、球皮内の空気を抜きながらゴンドラを横倒しにして、最終的には球皮から完全に空気を抜かねばならない。あとは収容してくれる伴走車を待つのみだ。気球は一度飛んだらなかなか同じ場所に戻ってこられないので、伴走車が必要である。車を運転する側は、離陸から常に気球を目視できる場所を走り、見失った場合は無線で連絡をとりあいながら着陸地へと向かっていく。気球は、カヌーやスキーと違って単独ではできない遊びなのだ。

ぼくは数え切れないほど神田と一緒に空を飛んだ。普通だったら飛ぶのをやめるような風が強い日もかまわず練習したし、通常1度だけ飛べば終わりのところを2度、3度と連続して飛ぶこともあった。神田はもちろんインストラクターの資格をもっているが、神田以外のインストラクターとも飛んだ。マニュアルはあっても飛行技術や操作の癖はそれぞれのパイロットで若干異なっているから、誰と飛んでもいろいろと勉強になる。

ぼくのトレーニングログブックには、インストラクターとしての神田のコメントがいくつも書き込まれている。例えば2003年12月7日はこうだ。

「強風下でのトレーニング。感覚的にも操縦がなじんできているようである」

こんな神田の短いコメントでも、ぼくにとっては上達を客観的にとらえられて嬉《うれ》しく感じた。幾度となく気球で飛んでいるうちに、風を読むことをぼくは身体で覚えつつあった。風は高度によって向きも速さも異なっている。広大な空は実は何層にも分かれていて、それぞれの層を流れる風がすべて一方向に向かって同じスピードで吹くわけではないのだ。つまり、地上で感じた風向が空高くまでずっと同じということはない。

気球は風まかせで、どこへ飛んでいくかわからないというイメージがあるけれど、それをコントロールするのが優れたパイロットの証《あかし》である。先ほど、離陸した地点にもどってくることはなかなかできないと書いたが、それぞれの層にある風の方向を読むことによって、上下左右にUの字を描いてスタート地点にもどってくることは不可能ではない。実際、技術をもったパイロットはうまく風を読んで、気球を自在に操ることができるし、風まかせと思われる熱気球によって、目的地にピンポイントで降り立つことも可能なのだ。

では、見えない風をどうやって読むのか。わかりやすいのは飛行前に小さな風船を空に飛ばしてみることだ。その風船のことを気球用語では「パイロットバルーン」、通称「パイバル」と呼ぶ。風船は真上に上がっていくのではなく、風の層によって東西南北に振られながら、よろよろと上空へ向かっていくだろう。見えなくなるまで風船を追い続けることで、各層の風の方向とスピードをある程度は事前に把握することができる。また、町の煙突の煙を熟視することも大きなヒントになる。しかし、一番頼りになるのは、空中における自分の勘だ。気球の微妙な動きを敏感に感じ取って、風の層の変化を意識し、どちらに流されているか常に注意しているうちに、段々と風を読む感覚が身についていく。

海に複雑な潮の流れがあるように、空には幾重にも分かれた風の流れがある。気象条件によっては上昇気流や乱気流などに惑わされることもあるし、太平洋横断ではジェット気流が重要な役割を果たすことになる。今までは何も見えなかった空に、上下左右混沌《こんとん》とした道筋があることを知ったとき、自分の前に思いも寄らない多様な空が広がりはじめた。それを知ることができただけでも、ぼくは気球をはじめた甲斐《かい》があったと思っている。

気球に関するあらゆることは、体験的に学ぶ必要がある。机上で論理を学んでも、こればっかりはまったくだめで、とにかく飛びまくることが必要だった。渡良瀬で訓練飛行をするばかりでなく、神田に連れられて埼玉のお祭りなどに出向き、子どもたちを乗せる係留飛行などもおこなったし、慣れていない機材でも操縦できるように「天の川」や「流れ星」とは違う気球に乗せてもらったりもした。こうして来《きた》るべき太平洋横断の準備は着々と進んでいったのである。

気球の練習と並行して、年末には鹿児島の鹿屋《かのや》体育大学の山本正嘉《やまもとまさよし》先生を訪ね、数日ではあったが低酸素室に入って、高所順応を試みた。高所順応というのは、酸素が薄い標高の高い場所で高山病にかからないよう、身体を高所に慣らすことをいう。標高約3800メートルの富士山などでも高山病にかかる人はたくさんいるので、5000メートル以上の山に登るときはなおさらこうした順応が必須《ひっす》なのだ。高山病にかかるかどうかはその人の体質とも関わっており、それはトレーニングによって劇的に改善されるようなものではないので、登山家は焦らずに上り下りを繰り返すことで順応に励むことになる。今回、事前に入らせてもらった低酸素室というのは、設定高度にあわせて人工的に酸素濃度を調整できる部屋のことで、ぼくはエベレストへ行く前にもここに滞在して順応を試みていた。そして、その効果はエベレストの登頂によって立証済みである。

熱気球太平洋横断では地面から短時間で8000メートルに達するために、飛びながら身体を順応させることなどは不可能だ。もちろんボンベから酸素を吸いながら飛行するわけだが、高所のおそろしさをほんの少しでも知っているだけに、ぼくはそれが不安で仕方なかった。今まで高所順応をおこなわず、ボンベだけに頼ったことなど一度もなかった。自分で意識を保てる程度に順応しなければ、万が一のときにおそろしいことになる。

一方、神田は1万2000メートルの成層圏まで飛んだ経験をもっていて、そうした自負から高所への警戒心はほとんど感じられない。話を聞くと高度記録をねらって成層圏まで飛んだときも、ナンガパルバットを越えたときも上空にいたのはわずか数時間である。今回は８０００メートル以上の場所に60時間も滞在するのに……、とぼくなどはつい力が入ってしまうのだが、このあたりが空と山、それぞれの経験の違いなのかもしれない。結局、神田は低酸素室に入ることなく、東京で他の準備にあたることになった。

ぼくは一人で低酸素室に入ると、いきなり高度を３５００メートルに設定して一泊した。さらに次の日には、設定高度を５０００メートルに上げた。じっとして、腹式呼吸をしていれば大丈夫だが、ウォーキングマシンやエアロバイクに乗ると途端に頭がクラクラして頭痛がする。低酸素室に入ってわずか２日目で５０００メートルまで上げるのは無茶といえば無茶なのだが、太平洋横断では一気に８０００メートルまで上がるので、それくらいの荒療治が必要だろう。さらに設定をこの施設の最大高度である６０００メートルまで上げてみた。腹式呼吸を徹底して、とにかく身体を慣らさなくてはいけない。ゴンドラの中ではじっとしていることのほうが多いので、とりあえずウォーキングもエアロバイクもやめて、姿勢を正し、呼吸に集中する。

部屋の中で呼吸に集中していると、何度も携帯電話が鳴った。電話の向こうの相手はぼくが高度６０００メートルの状態にいることなどわからないし、こちらも息苦しさを隠して普段通りを装っているので矢継ぎ早に話をしてくるわけだが、反応が鈍くなっているうえに頭の回転も悪く、時々ろれつがまわらない。会話をするとどんどん息が乱れ、呼吸を整え続けなければならない。空の上では酸素マスクを外して管制と無線でやりとりをし、衛星電話で本部とも話をしなくてはならないので、本番に向けたちょうどいい訓練になった。

こうして半年が過ぎていき、ライセンスもなんとか取得して、いよいよ遠征本番へのカウントダウンがはじまろうとしていた。

第三章　富士山からエベレストへ

神田道夫の海外における最初の大きな冒険は熱気球によるエベレスト越えへの挑戦だった。このとき、一緒に計画を実行したのは、日本の気球界を今も牽引《けんいん》し続ける市《いち》吉三郎《よしさぶろう》氏である。市吉はドイツで日本人初の気球パイロットの資格を取得し、以降、日本気球連盟の設立に関《かか》わるなど国内に気球を普及させたパイオニアであり、気球の高度、距離、滞空時間の世界記録、日本記録を多数樹立した経験をもつ卓越した実力の持ち主でもあった。

神田に気球を教えたのもまた市吉である。日本で気球の体験者がまだまだ少なかった時代、市吉が気球のクラブを作り、トレーニング飛行をおこなっていることを神田が聞きつけて、突然訪ねてきたという。そして60歳を目前にした市吉は今も神田道夫の恩師であり、よき相談者であり続けている。

ぼくが気球のライセンスを取得した際、最後の実技試験でエグザミナーと呼ばれる試験官を務めたのも市吉だった。彼はいつでもどっしりと構えて冷静で、神田とは対照的に相手の目をじっと見つめて話す。いつも仙人のような優しい口調であらゆることを教えてくれるし、決していい加減なことは言わないので、ぼくは彼の言葉を他の誰《だれ》よりも信用している。

市吉が気球をはじめた1970年代の前半は、まだ自作の気球が多く、スポーツとして飛ぶという発想がほとんどなかった。気球黎明期《れいめいき》に空を飛んだ人たちは資格などを当然もっておらず、徹夜で気球を作ってそのまま飛ぶといった根性型の実践者たちが多かった。当時の日本では〝飛んでみる〟ということ自体が目的だったのに対し、すでにヨーロッパでは気球は航空機として認められ、単に飛んでみるという段階ははるか以前に超えていた。すでに正式なライセンスも発行され、気球はスポーツとしても広く認知されていたのだ。

そもそも熱気球自体は、1782年にフランスの片田舎で、煙が昇る様子にヒントを得た研究者のモンゴルフィエ兄弟によって製作された発明品である。翌1783年11月21日、モンゴルフィエ兄弟は熱気球による有人飛行に世界ではじめて成功した。それは同時に人類の初飛行をも意味していた。熱気球の発明とほぼ同時期に、同じフランス人の科学者であるジャック・シャルルによってガス気球も発明されている。ガス気球は空気より軽いヘリウムなどのガスを使って浮き上がるもので、装着した砂袋の重りを落としながら上昇していく。ジュール・ベルヌの『80日間世界一周』のなかで使われているのは、このガス気球である。

こうした気球たちをきっかけにしてパラシュートや飛行船などが次々と発明されていくことになるのだが、揚力による航空機が発達するとともに、気球は段々と下火になっていってしまう。

人間は、山を越え、川を下り、海を渡って、はるか昔から水平方向への移動を追求し続けてきた。アフリカで生まれた人類は北上しながら現在のヨーロッパを通り、氷結したベーリング海を渡り、北米を通って、南米の端へと旅しながら地球上に拡散していったわけだが、18世紀末に気球という乗り物を作り出したことにより、人類は足を地面に着けることなく、垂直に地上を俯瞰《ふかん》する新しい視点を獲得することになった。これは、水平方向への移動に慣れた自分たちの目線を、垂直方向へと向かわせる点において、人類の視覚的な進化の一つだといえるだろう。

そして、当時は気球に乗った少数の者だけが目にできたその風景を、写真に収める人物が現れる。それが1820年生まれのナダールである。彼が世界ではじめて空撮という画期的な仕事を成したのは1858年、ライト兄弟が飛行機で世界初飛行をおこなうよりもずっと前のことだった（ちなみにまったくの偶然だが、市吉のひいおじいさんがナダールに写真を撮られている。江戸《えど》時代、彼のひいおじいさんは第一次遣欧使節の一人として福沢諭吉《ふくざわゆきち》などと一緒にヨーロッパに渡った。そのときにナダールによってポートレートを撮影してもらっている)。

ナダールのわずか30年後には、ガス気球を携えて世界を旅しながら空撮に興じる男が出現する。しかも、普及型の大判カメラが作製された直後の時代である。パイロットの名は、スイスのエデュアルド・スペルティィリーニ。彼はアルプスの上空を気球で初飛行すると同時に、アルプスの山々を気球から空撮したはじめての人物となった。残された美しい写真作品を見ると、彼は気球乗りというよりも写真家であるといったほうが正しいのかもしれない。

現在では当たり前のようにおこなわれている空撮だが、彼が撮影したのは、1889年前後、今から100年以上も前のことだった。アルプスだけではなく、チューリッヒの街並みを上空から撮影し、エジプトのカイロ、南アフリカのヨハネスブルクなどでも気球による空撮を敢行している。飛行の燃料となる水素ガスを100年前のエジプトや南アフリカでどうにか手に入れ、しかも大判カメラをせまいゴンドラ内に持ち込み、フィルムは乳剤を塗ったガラス、遮光マントをかぶっての撮影である。そのうえ気球を操縦しながらの仕事は、並々ならぬ苦労を伴うものだったに違いない。

スペルティィリーニが空から撮影した写真で構成された写真集が、2007年11月にスイスで出版されている。市吉はこれを「素晴らしい本だから見てごらん」と言って、ぼくに見せてくれた。「すごいよねえ」と惚《ほ》れ惚《ぼ》れしたようにいう市吉の表情は子どものようになっていた。

たしかにこれを見ていると、どの一枚もまったく古い写真だとは思えない。大判カメラの繊細な描写力も手伝い、この時代に気球から撮っているということを抜きにしても、彼の写真は今もってまったく色あせないどころか、貴重なアーカイヴとして後世に残っていくと思う。

19世紀末、航空写真を撮ることができる手段は気球しかなかった。大陸から離れ、海や空を隔てて、住んでいる場所を見つめ直してみたとき、人ははじめて地球の上にいることを実感したはずだ。周縁から中心を見据え、辺境から都市を眺めると、世界が異なる様相をもって立ち現れることがある。気球の発明は人間自身を大地から離陸させるばかりでなく、あらゆる土地への縛り付けや固定的な考えからも離陸させる力を十分にもっていたとぼくは考える。

スペルティィリーニが世界中を飛び回って空撮をしていた時期からおよそ20年後の1910年、明治時代の日本においてはじめて気球で空を飛んだ人物がいた。それが発明家の山田猪三郎《やまだいさぶろう》である。翌1911年、厳密に言えば飛行船、すなわちプロペラをつけたガス気球を使って、彼は東京上空を1時間かけて一周した。その後、日本における気球は主に軍用に利用されることになり、なかでも戦争で実際に使用された「風船爆弾」は他に類を見ない気球兵器として、世界的にも有名になってしまった。ちなみに神田は「風船爆弾」についてかなり入念に調べており、そこで得たデータは後の太平洋横断計画にも生かされていく。

日本の近代気球の歴史は、太平洋戦争が終わり、日本が経済成長期に突入した１９６０年代にスタートする。１９６９年、京大を中心としたイカロス昇天グループと北海道大学探検部が共同で製作した手作り気球「イカロス５号」が北海道の洞爺《とうや》湖《こ》付近で、日本初の熱気球として飛行に成功したことがきっかけだった。

「イカロス５号」に続いて各地の大学探検部などを中心に手作りの熱気球が作られ、すでに飛行活動をはじめていた社会人グループを含めて１９７３年に「日本熱気球連盟」（１９７５年から「日本気球連盟」に改称）が設立されている。この中心にいた一人の若者が市吉だった。

上智大学に在籍していた市吉は探検部に入っていたわけではなかったが、ゼミの仲間二人と「グループ・アセンション」（後の「ファーイーストバルーンクラブ」）を設立している。彼らは当時唯一外国に行って専門のトレーニングを受けた日本人で、仲間のそれぞれがドイツやイギリスで気球の技能証を取っている。

市吉がドイツでライセンスを取ったのは１９７２年で、翌73年にはもう一度ドイツに渡り、夜間飛行の資格をも取得している。ドイツ語ではなく英語で資格を取得したというが、ノウハウもない3人の学生がそうした時代に海外に散らばっていく熱意はただならぬものがある。

帰国した3人は、お金を出し合ってヨーロッパで気球を購入し、自作気球ではなくヨーロッパの既製品で飛んだはじめての日本人パイロットとなった。そうした経験をもとに、彼らは国内でも飛びはじめることになる。最初に渡良瀬遊水地で気球を飛ばしはじめたのも、市吉たちだった。

その後、動物写真家の故・星野道夫氏も在籍していた慶応大学の探検部が渡良瀬にやってくる。星野は、気球でアラスカの上空を飛びながらカリブーの移動を撮影することを夢見ていたという。セスナは音が大きいために、飛行しながら撮影するとどうしてもカリブーの群れが逃げ、それを追うようなアングルでしか撮れなかった。気球なら大気に溶け込めるので、もっと優しい写真が撮れるのではないか、そう星野は話していたそうだ。そうした考えをもつに至ったのは、当時、気球による活動を盛んにおこなっていた探検部の影響もあるのだろう。市吉たちの既製品よりは性能が劣っていたものの、慶応の探検部もまた当時は自作の気球で飛んでいた。

市吉は当時を振り返って楽しそうに言う。

「一緒に飛べばこちらの気球はかなり上のほうで飛んだり、降りようとしたら降りたりもできたわけ。つまり操縦することができた。彼らの気球はバンバン、バンバン焚《た》いて、焚かなくなると落っこっちゃう。慶応探検部の一人が夜陰に乗じてノギスを持って、こちらのバーナーの細かなサイズとかを計りにきたこともあったよ」

自作気球はアメリカやヨーロッパの気球雑誌を参考に見よう見まねで作っており、メーカーが作った球皮やバーナーを実際に見たことがあるものはほとんどいなかった。しかし、彼らも彼らで市吉たちのバーナーを参考にするなどして改良を重ね、既製品にも拮抗《きっこう》しうる気球をその後作り上げている。

元日本気球連盟会長で、慶応大学探検部に義理の弟が所属していた大岩正和氏は当時の様子をこう語る。

「気球がはじめて飛んだときには、〝気球が空から火をふいて落ちてきた！〟と地元の人に通報され、着陸したときには、消防車、救急車、パトカーがかけつけるとんだ騒ぎになっちゃった。挙げ句の果てに警察で調書までとられる始末だった」

このような時代に突如彼らの前に現れたのが、どこにも所属していない風来坊の神田道夫だった。このとき神田は28歳、埼玉県川島町の役場で公務員をしており、すでに結婚して長男が生まれていた。

市吉がファーイーストバルーンクラブを作った数年後の１９７７年、「気球の免許を取りたいんです」といって神田は市吉のクラブに入会する。市吉は当時日本を代表する気球乗りで、高度８２９５メートルを飛行して日本記録を樹立したばかりだった。

神田は、雑誌『アサヒグラフ』を読んでいてフランスのガス気球の大会に出た市吉のことを知り、誰の紹介もなくいきなり連絡をとったのだった。

神田がはじめて気球に乗ったのは、その翌年の夏休みだった。北海道の競技会に参加する市吉についていき、同乗する機会を得た。はじめての飛行はわずか7・5キロで、時間にして48分だったという。

神田は当時を振り返ってこんなことを言っていた。

「あれほど憧《あこが》れていた大空散歩だったけど、大きな感動とか感激はなかったね。バスケットが浮上すると、地上とトランシーバーで連絡をとりあいながら、バーナーを操作する。それまで1年間、机の上で勉強してきたことをひたすら実地で体験し、確認するというフライトだった。ただ、足下からふわりと浮上する独特の浮遊感は印象に残ったけどね」

神田は「免許が取れたら自分でクラブを作ります」と市吉に宣言し、数カ月で気球の免許を取得する。その後、神田は自らの言葉通りに埼玉気球クラブを設立した。神田が市吉のファーイーストバルーンクラブに所属していたのはわずか1、2年で、免許を取得した後は、市吉から気球を購入してクラブを脱退したのだった。

市吉は神田がクラブに入ってきたときの第一印象をこう語る。

「素朴っていうか都会の人じゃないなっていう感じだったね。言い方は悪いかもしれないけど、田舎っぺ。そのくせ、我が強いというか、自分の意見をしっかり言うんだよね。でも一番印象に残っているのは、免許を取ってすぐに富士山を飛んだことかな」

神田は気球の免許取得からわずか半年後に富士山越えに挑戦していた。真夏の富士山は上空から見ると、円錐形《えんすいけい》の黒々とした土の塊だった。

「山肌のひっかき傷のような登山道を行くアリのような登山者がいて、みんな口々に何かを言いながら気球を見上げてた」と神田は得意げに言う。すでに市吉が日本初の単独富士山越えに成功していたから、神田は日本で2番目の成功者となった。しかも市吉と同じくソロフライト、すなわち単独で高度5000メートル前後を飛ぶ、完全な冒険飛行だった。

「大丈夫なの、危なくないのって聞いたんだけどね。もうちょっと経験を重ねてから飛んだらいいんじゃないかなと思ってたのに、あっという間に飛んじゃって」

市吉の心配をよそに、山越えの醍醐味《だいごみ》を知ってしまった神田は北アルプス越え飛行にも挑戦し、再び単独で成功させている。

「まだ春浅い北アルプスは一面白銀の世界で、槍ヶ岳《やりがたけ》、穂高《ほたか》、乗鞍《のりくら》から立山《たてやま》まで一望できた。これまで味わったことのない感動だった」と神田は振り返る。さらに、神田は島根県の隠岐島へ渡り、長距離飛行の世界記録まで破ってみせた。当時から行動力や実行力に関してはずば抜けていたことがうかがえる。

しかし、単独行に秀でていたばかりに、団体活動のほうはあまり顧みなかったようだ。神田が設立した埼玉気球クラブは、神田を中心に動いていたが、彼の情熱的な行動とクラブの運営のあいだに段々とずれが生じることになる。クラブのメンバーは普段も趣味としてフライトしたいのに、神田の記録破りにつきあわされるようになっていったことが一つの遠因となって、メンバーのなかから異議が申し立てられるようになったのだ。

その後、神田は自らが設立した埼玉気球クラブを離脱し、知り合いのクラブに顔を出しながら一人で行動を開始することになる。今も存続している埼玉気球クラブは、現在にいたるまで毎年5月の連休になるとアルプス越え飛行をおこなっており、神田が築いた冒険飛行への方向性は彼が抜けた後も綿々と受け継がれている。

「気球による山越えは一度おこなうとやみつきになる」と経験者は言う。ヒマラヤは無理だとしても、ぼくもいつか富士山越えには挑戦したい。神田の出発点であり、その後の気球人生を決定づけた体験を自分でも味わってみたいと心から思うのだ。

神田は埼玉気球クラブを離脱してもメンバーと縁が切れてしまったわけではなかった。町の子どものイベントや町内会などの依頼で係留飛行をする場合などに、クラブの仲間と共同で開催することもあった。そして、そうしたイベントの類《たぐい》は神田が遠征をおこなうにあたって大事な資金源にもなっていた。

海外経験も豊富で、競技飛行も冒険飛行も等しく道を切り開いてきた市吉というパイオニアと最初に出会った神田は幸運だったかもしれない。神田は1979年、30歳のときの富士山飛行を皮切りに、1980年に日本初の北アルプス越え飛行、1983年に日本初の本州横断飛行、1984年には島根県の隠岐島から長野県飯田市まで419キロの飛行を成功させて長距離世界記録を更新する。

1988年、神田が39歳のときには4度におよぶ挑戦の末、高度世界記録1万2910メートルを達成し、冒険飛行の第一人者として気球界でも顔が知られるようになっていった。もちろん師匠である市吉の高度記録もここで軽々と抜いている。1万2910メートルといえば、すでに成層圏であり、人間が生きられる限界をはるかに超えた場所である。気圧は地上の6分の1となり、気温はマイナス50度以下、プレッシャーマスクと呼ばれる加圧式の特別な酸素吸入器がなければ人間は呼吸さえできない。飛行機は機内が加圧されているために乗客は普段通りに過ごすことができるが、神田が乗っていたのは気密式でもなんでもない単なるゴンドラだ。彼の気球がエベレストよりもはるかに高い1万2910メートルに達した瞬間、神田の身体《からだ》は一般の人々が立ち入ることのできない禁断の領域に突入したといえる。

「4回目の挑戦だった。無理は承知のうえ。球皮に使われたナイロンの耐熱限度は180度と言われているけれど、実際、球皮内温度は250度にも達していた。何が起きてもおかしくない状況だったんだけどね」

のちに神田はそのときの危険を雑誌の取材にそう語っている。高度記録を作るにはとにかくバーナーを焚き続けるから球皮内の温度は異常に高くなっていた。気球が1万2910メートルに達すると、これ以上の飛行は危険と判断し、神田はすぐさま下降を開始する。降下速度は秒速7メートルもの速さにおよんだという。

神田はほとんど下降のことを考えず、2度目の挑戦のときに本州の上空を飛び越えて、銚子《ちょうし》沖に着水している。偶然すぐ近くで操業していた漁船に救助され、彼は一命をとりとめた。

「自分は唯一太平洋に落ちて生き残った人じゃないか」と神田が言っているように彼の生命力は並外れている。神田は自分のことを「失敗や挫折《ざせつ》のことはよそにおいてしまう、単純馬鹿《ばか》だね」と自嘲《じちょう》し、自らの精神状態を「楽天的と楽観的が同居しているような」と表現しているが、まさにそうでなければ一連の挑戦には踏み出せなかっただろう。

神田のプラス思考は筋金入りである。ある親しい気球仲間が後の太平洋横断の遠征前に「危ないからやめたほうがいいよ」と助言したところ、逆に「〝疫病神!〟って言われちゃってさ」と言って、しょげていたのを思い出す。神田は失敗のことなど端《はな》から頭にないのだ。成功することしか考えていない。

この頃《ころ》になるとスポーツ新聞などが神田のことをとりあげるようになり、気球界ばかりでなく、一般にも認知されはじめることになる。世界記録にも手が届きはじめた神田は、やがてさらに大きな冒険へと向かっていく。それが、1990年5月に市吉と一緒におこなった世界最高峰エベレスト越えへの挑戦だった。再三にわたる長距離記録や高度記録への試みは、神田にとってはエベレストへの布石だったのだ。

当時、気球でエベレストを越えた者は、日本はおろか世界にも誰一人いなかった。素晴らしい景観を楽しめる山越えは気球乗りだけの特権だったが、よっぽどの冒険好きでなければわざわざヒマラヤまで足をのばさない。ヨーロッパのアルプスでは、毎年のようにアルプス越え飛行がおこなわれていたし、またもずらしいところでは、南米のアンデスを気球で越えた人間もいたものの、まだヒマラヤだけは誰も飛んでいなかったのだ。

富士山越えから11年、神田は情熱をひとときも失わずに世界最高峰へと登り詰めようとしていた。この計画が画期的な挑戦であるとして、日本のテレビ局ＴＢＳがメインスポンサーにつき、かかった費用も含めて、それまでの神田の人生の中で最も大掛かりな遠征となる。

遠征隊はまず陸路でネパールから中国の友誼《ゆうぎ》大橋を渡り、チベットに入った。離陸地を標高4300メートルのヤレ村に決め、郊外の河川敷にテントを張っておよそ1カ月を天候待ちに費やすことになる。テレビ局の人たちが中国から多くの人を雇っていたため、ベースキャンプはさながら登山隊のテント村のようだった。

計画では、チベットの中国国境に近いこのベースキャンプから離陸し、チョーオユー、エベレスト、マカルーなど世界に名だたるヒマラヤンジャイアンツを越えながら東へ向かい、ネパールとシッキムのあいだあたりに降りることになっている。神田と市吉の他に、番組制作のためテレビカメラマンの斉藤氏も同乗することになった。

神田と市吉の師弟コンビが飛ぶ以前に、海外の3チームがエベレスト越えに挑戦しており、また二人が飛ぶわずか1週間ほど前にもイギリス隊によって試みられていたが、どれもこれも失敗に終わっている。エベレストという山は登るにしても飛ぶにしても、やはりそう簡単な山ではないのだ。

1カ月におよぶ天候待ちの末、上空の風速や風向を予測し、二人は出発を決断する。一度は高度1万メートルの上空まで上がることに成功した。神田はエベレストを目にしてその圧倒的な姿に興奮し、指を指しながら叫んだのをよく覚えているという。

「あの山だ！　あの山だ！」

うまくいけば3時間から4時間ほどでエベレストを越えられる予定だったのだが、上空には想定していたような強い風は吹いていなかった。機体のトラブルなどは一切ない代わりに、風の弱さが二人を苦しめることになった。この風を予測できなかったことが彼らの最大の致命傷となる。上空でこれは難しいと判断し、わずか1時間の飛行で降りる決断を下したまではよかったのだが、そこから先に起こる惨事まで誰が予想できただろうか。

結果からいえば、神田と市吉という最強タッグをしてもエベレストは越えられなかった。二人はエベレスト越えに失敗し、ヒマラヤの山腹に激突して辛くも一命をとりとめることになる。

飛行をあきらめた彼らが降りようと画策したのはエベレストの手前にある名もなき山の中腹、高度5000〜6000メートルの氷河の上だった。接地するまでは静かに下降していたのだが、接地したと同時に球皮が横にあった岩壁にぶつかって大きく裂け、一気に浮力がなくなって、ゴンドラが転倒をはじめたのだ。降りたところは、上から見たら平らだったが、実は傾斜の激しい谷間の雪渓のなかで、とても着陸できるような場所ではなかった。

ゴンドラは500メートルほど岩と氷の上を転がり続け、なんとか止まった。しかし、そこは今にも滑り出しそうな斜面で、止まっているのが奇跡的な状態である。球皮がバーナーに巻きついてしまい、ゴンドラもあちこちが破損していて、どうやっても修復不能というひどい状況だった。

市吉は「一瞬ガーンとぶつかったのは覚えてる」と言う。そのとき彼は足を骨折し、すぐにはゴンドラから出られなかった。なんとかゴンドラから自力で脱出した神田とカメラマンの斉藤が戻ってきて、市吉を雪の上へと引っ張り出し、ようやく事態を理解する。ぶつかった瞬間から引っ張り出されるまでの記憶がなくなっていたことから、市吉は軽い脳震盪《のうしんとう》を起こしていたのだろう。

カメラマンの斉藤は無事だったが、神田もぶつかったときに肋骨《ろっこつ》を折っていた。市吉の足は普段と逆向きに曲がり、誰が見ても足が折れている状態で、身動き一つとれなかった。重傷である。

ゴンドラについているバーナーにまだ種火がついていることに気づき、無事だった斉藤がそれを消そうとするのだが、間違えて彼はメインバーナーを焚いてしまう。それにより、ゴンドラと球皮が炎上することになった。3人は身体を引きずりながら、なんとかその場から離れたが、ゴンドラの中にはパスポートも書類も財布も酸素ボンベもすべて入っていた。おまけにプロパンガスも装着されていたから、やがてそのプロパンに引火して爆発まで引き起こし、彼らはすべてを失った。3人はそれを遠くからぼんやりと眺めているほか、為《な》す術《すべ》がなかった。身体以外のあらゆるもの、本当にすべてが燃えてしまったのだ。

市吉はチョコレートをポケットに入れており、それで空腹をしのぐことになった。神田のポケットには小さなトランシーバーが入っており、それで上空を飛んでいた追跡用の飛行機に「着陸して気球は大破したが、命に関わる怪我《けが》じゃない」という連絡を入れる。

歩けない市吉に付き添う形で斉藤はその場に居残り、神田はそこから谷伝いに一人歩いてベースキャンプへ救援を求めにいくことになった。二人は神田が無傷だと思っていたのだが、後から肋骨が折れていたことを知る。地図をもっていたとはいえ、5000〜6000メートル地点からそんな状態でベースキャンプまで歩いた神田の忍耐力は超人的である。神田は趣味で1年に1回程度、仲間と登山を楽しんでいた。ただ、それも夏山を歩く程度で、本格的な登山の経験はもちろんない。着陸した谷は雪に覆われていた状態ではなかったものの、アイゼンもつけない軽登山靴で、よくベースキャンプまで無事にたどり着けたものだと思う。

神田が必死の思いでベースキャンプに到着したときには、すでに状況はおおむね把握され、救助の対策が練られていた。上空で追跡していた飛行機からも情報が入っていたし、市吉が怪我をして動けないこともわかっていたので、どうやったら彼らを救出できるかその検討がはじまっていた。

そのときのベースキャンプには、日本屈指の登山家、大蔵喜福《おおくらよしとみ》氏と医師の清水久信氏が待機していた。大蔵はチョーオユー（標高８２０１メートル）無酸素登頂をはじめ、ヒマラヤの８０００メートル峰をいくつも登っており、経験の質に関してはベースキャンプにいた誰よりも優れていた。また、清水は京大の山岳部出身で、自身も登山家であることから高所に関しては随一の知識をもっていた（この翌年、清水は京大の梅里雪山《メイリーシュエシャン》へ向かう登山隊に同行し、雪崩《なだれ》で亡くなった。17人という大量遭難だった）。大蔵と清水は、山の素人である神田と市吉をサポートするために、日本からお目付役として遠征隊に招聘《しょうへい》されていたのだ。

そして、偶然にもこの直前に学習院大学の登山隊が近隣のチョーオユーに登頂していた。エベレストとチョーオユーは距離的にも近く、ベースを同じ場所に張る登山隊もいるほどである。学習院大学の登山隊は、登山を終えた後、すぐ近くに大蔵がいることを知って、挨拶《あいさつ》をするためにたまたま気球遠征のベースキャンプにやってきたのだった。

神田と市吉が飛んだのは、学習院大学の登山隊が訪ねてきた次の日である。二人の失敗を知ったベースキャンプの人々は救助に向かおうと試みたが、大蔵や清水以外はまったく山に不慣れな人員ばかりで、少しの距離を登るだけでも精一杯という具合だった。そこで、思い出されたのが、昨日出会った学習院大学の登山隊である。帰途についた学習院大学の登山隊を里から急遽《きゅうきょ》呼び戻し、救助を手伝ってもらうことになった。彼らは８０００メートル峰に登ったばかりで、高所順応も完璧《かんぺき》なうえに、屈強な山男たちばかりだった。こうして期せずして心強い救援隊がベースキャンプに集結したのだった。

大蔵や学習院の登山隊、そしてそのまわりにいたシェルパたちの助けもあり、市吉は木の枝や山道具によって作られた応急担架で担がれ、ヘリコプターが着陸できる一番高いところまで下りることができた。市吉は肋骨が肺に刺さって、肺気腫《はいきしゅ》を起こしており、あと少しでも救助の時間が遅れたら助からなかっただろう。そして市吉はすぐにネパールの首都カトマンズの病院に収容され、なんとかことなきを得るのである。

神田はエベレスト越えに失敗したが、その後も再び挑戦したいという気持ちはずっとくすぶり続けていた。しかし、この失敗の翌年、イギリス隊のアンディー・エルソンがエベレスト越えに成功してしまう。二番煎《せん》じはつまらないということで、神田は世界第２位の高峰、標高８６１１メートルのＫ２越えを思いつくのだった。

第四章　滞空時間世界記録とナンガパルバット越え

神田と市吉のエベレスト越え遠征に、一人の青年がボランティアスタッフとして同行していた。青年の名は竹澤廣介《たけざわひろすけ》。大学のときに趣味で気球をやっていたことをきっかけに、彼は大学を卒業して製薬会社に就職した後も気球の世界へとどまり続けた。会社員として働いていた竹澤だったが、神田と市吉によるエベレスト遠征の話を小耳にはさみ、ついてはクルーを募集しているというのを聞きつけて、地上の雑用係として遠征に参加させてほしいと申し出たのだった。竹澤は神田と年齢が一回り違う。神田とはじめて出会ったときの竹澤はまだ28歳だった。

その後、神田とともに数々の冒険飛行をおこなうことになる竹澤の出発点はこのエベレストだった。このときから竹澤と神田の親交もはじまる。単なる親交ではなく、その後の神田の大きな遠征には地上のサポート隊として、あるいは同乗者として必ず隣に竹澤がいた。

竹澤はいつも威勢がいい。顔は日焼けで赤茶けていて、髪はぼさぼさだ。見かけには無頓着《むとんちゃく》だが、誰《だれ》とでもフランクにつきあい、隠し事をしたりせず常にオープンなので、話しているとついつい心を許してしまう。数々の遠征をこなしてきた竹澤には、ぼく自身、貴重なアドバイスを多くもらっており、頼れる兄貴分といった存在なのだ。

「俺《おれ》さあ、キャラクター的にはお友達タイプなんだよ。あんまり強権を発動できない性格っていうかさ。何かを命令したりとかが苦手なんだよね」

そういう竹澤とチームを組めば、どんなことに関しても彼はとことんまでつきあってくれただろう。神田は突撃タイプだったから、コンビとしてはよかったのかもしれない。

神田は1990年のエベレスト越えに失敗した後、1993年に中国から熊本へ渡る東シナ海越えの単独飛行に成功している。このときも竹澤はサポート隊として同行している。1994年にオーストラリアで長距離世界記録を神田が達成したときも竹澤は地上でサポートした。そして、1997年、それまで地上での雑用や連絡係に徹していた彼が、滞空時間の世界記録へ挑戦するカナダ遠征ではじめて副操縦士として神田と同乗することになった。

彼らが滞空記録更新をねらうにあたって重要なのは、場所の選定だった。神田はそれ以前にオーストラリアで、長距離飛行記録を更新している。滞空時間と長距離飛行の記録はもちろん異なるものだが、技術的な部分での基本は変わらない。ならば、慣れているオーストラリアで滞空時間のほうも更新しようということになり、はじめはカナダではなく、オーストラリアで計画を実行に移すつもりだった。ちなみにオーストラリアでは市吉らのグループも滞空時間の記録を作っており、日本人にとってなじみのあるフィールドだったのだ。

市吉と大岩のペアが作った滞空時間記録はおよそ41時間29分である。しかし、それは球皮の容積によってクラス分けされる気球の中では中量級の記録で、大きさに限定されない熱気球そのものの滞空時間記録というわけではなかった。小さいものから大きいものまで含めた熱気球の滞空時間記録は、前述したリチャード・ブランソンとパー・リンドストランドによる世界初の太平洋横断の際に作られた46時間である。九州の都城《みやこのじょう》を離陸しカナダ北西部のイエローナイフに着陸したブランソンたちの詳細なデータを見た神田と竹澤は、ブランソンのようにお金をかけず、自分たちがもっている中量級の気球で、しかもクラスなど関係なしに彼らの記録を破れる可能性があると判断した。

記録更新をねらうには場所のほかに時期も慎重に選ばねばならない。熱気球は球皮内の空気を外気温より暖めることによって空を飛ぶ。だから単純に飛ぶだけなら季節は問わないが、記録を更新するために最適な季節としては、夏よりも気温が低く、大気が安定する冬を選ぶ必要がある。慣れているオーストラリアは真冬でもそんなに寒くならないが、冬の寒さが厳しいカナダなら長いフライトにも適しているのではないか。それが神田と竹澤の一致した考えだった。

アメリカやカナダやオーストラリアの気球乗りが有利なのは、自分の家の裏庭から飛んでも世界記録などを出せてしまうことだ。国土が小さな日本では、それは不可能に近い。ただし、太平洋横断に関してだけは、条件が違った。海外の気球乗りたちも太平洋横断を計画するときだけは、日本や韓国をスタート地点にしていた。太平洋の西の端に位置していて、西から東へと吹く偏西風をとらえるためには、そこしかスタート地点は考えられなかったのだ。だから、日本に住んでいるパイロットが太平洋横断を試みるなら、極端な話、自分の家から飛んでしまっても構わない。

「地元の埼玉から飛んだって記録を作れるんだ」

これは、だいぶ前から神田が言っていたことで、こうした点も彼が太平洋横断に執着していた理由の一つだったのだろう。

冬のカナダで滞空時間記録更新をねらうことを決めると、二人はすぐに計画を実行に移した。神田の年表をみると、オーストラリアで94年に長距離記録更新をおこなってから、97年の滞空時間記録への挑戦までに3年あいているが、この期間、血気盛んな彼らが何もしていなかったわけではない。滞空時間の記録更新に執心し、毎年のようにカナダへ通っていたのだ。

95年にカナダへの下見旅行をおこない、翌96年に二人ははじめての挑戦をおこなった。しかし、このときはカナダを離陸したものの気球はアラスカ方面に流されていき、高度を上げてなんとか方向を変えようと試みるも、うまくいかなかった。その結果、一昼夜かけて23時間ほど飛んだあげく、ほとんどカナダを横断するに等しい距離を移動して、やむなく東の果てのケベックで着陸した。このときは飛行速度も速く、滞空時間記録更新には達しなかった。

二人は帰国すると、もろもろの準備や手配を仕切り直し、同じ年に2度目の挑戦をおこなった。しかし、今度は天気が悪くてまったくフライトができずに、失敗する。3度目は天候も計画自体もまずまずうまくいっていたのだが、途中で気球が裂けるというハプニングに見舞われている。燃料も荷物も満載の重い状態で飛びはじめるため、最初はなかなか気球の動きを舵《かじ》とりづらい。そんななか、ウィンドシアと呼ばれる異なった方向の風の境目で起こる乱気流に遭遇してしまったのだ。

バーナーの炎はあらぬ方向になびきはじめ、コントロールできないままに球皮に炎が燃え移ってしまった。結局、球皮の下の部分を焼いてしまうという事態に至る。球皮そのものは少し焼けて穴があくぐらいでは平気な構造をしているので、このくらいならこらえられると思ったのも束《つか》の間《ま》、焼けた部分から球皮が一気に裂けはじめたのだ。

神田と竹澤が使っていた気球は、既製品である。大きくもなければ、特別な艤装《ぎそう》をしているわけでもない。しかし、その代わりに球皮の裏側にアルミを蒸着し、太陽熱を利用して球皮内の温度を保持する〝二重構造〟という工夫が成されている。二重構造の気球とそうではない気球とでは熱効率がまったく違うのだ。非常に大ざっぱにいえば、二重構造の気球は普通の気球の半分の燃料で同じ距離を飛べる。つまり、軽い燃料でより遠くまで飛べると言い換えることができる。

そして二重構造にした分、重くなるので軽量化をはかろうと、通常なら球皮を縦横に補強しているロードテープの横まわりのものを設計段階から省いてしまっていた。

その軽量化の策によって、予想しない事態が引き起こされた。球皮の縦方向の裂けが止まらなくなり、見る見るうちに破れていったのだ。横のロードテープさえあれば、裂けは一部分で止まったはずだが、それがないために天井方向に向かって裂け目は広がっていく。

一歩判断が遅れていたら墜落していた。しかし、すぐさま着陸態勢をとり、なんとかカナダの雪原に不時着できた。不時着した直後に撮影された写真をぼくは見せてもらったが、それはまさに墜落としか思えない惨状である。球皮はぐちゃぐちゃになり、バーナーは妙な方向にねじ曲がり、ゴンドラは横倒しになって中の荷物はすべて雪上にぶちまけられている。しかし、これでよく二人は無傷でいられたものだと思う。写真には、倒れたゴンドラの前に、見たこともないような情けない顔をしてたたずんでいる竹澤の姿が写っていた。

この不時着を目撃した地元の住民がすぐに各方面へ通報し、消防隊員がやってきたという。

「おまえたち大丈夫か？」

「いや、大丈夫です。ご迷惑をおかけしてすいません！」

竹澤は明るい性格をしていて、いつもこんな調子だ。ただし、不時着直後、失敗を記録するためにお互い交互に写真を撮り、神田バージョンと竹澤バージョンの写真が2枚残されているが、どちらも当然のことながら表情に明るさのかけらもない。

このような失敗を受けて、もう遠征もこれまでかと思われたが、彼らは記録更新のためすでに3度も挑戦をおこなっている。ここであきらめるわけにはいかなかった。神田も竹澤もとことん前向きなタイプである。そして、3度の挑戦によって経験値も蓄《たくわ》えられ、そこで起こったあらゆる事態に対応できる余裕もできていた。

カナダは他の国と違って気球のディーラーもあちこちにいる気球大国である。彼らは裂けた気球をすぐさま近くのディーラーにもっていき、球皮を縫い直す修理を施してもらった。単に元通りに直すだけではなく、球皮が裂けるのを防止する横まわりのロードテープも付け直した。この間、およそ1週間。気球が直ったのに、日本に帰ることなど二人にはできるはずがなく、修理したばかりの気球で最後の1フライトを飛ぶことを決心した。執念の賭《か》けである。

幸い天候もよく、上空で二人はほとんど寝ずに過ごしていた。世の中には2日間ほどの徹夜をこなす人は山ほどいるだろうが、ほとんど身動きできない畳1畳ほどのせまいゴンドラの中で2日間空を見続けるという行為は、想像するほど簡単なことではない。2日目には、平原の上を飛んでいるはずなのに、神田は山のような崖《がけ》を見て、竹澤は高層ビルなどを見るようになる。そのたびに彼らは急にバーナーを焚《た》いて高度を上げ、地上から「何をやっているんだ！」と叱《しか》りの連絡が入った。二人は幻覚症状に襲われていたのだ。

「〝やったぜ、飛び立てた〟という気持ちもあるし、興奮しているからなんとか起きていられたよ。嫌なことをやっているわけじゃないしさ」

竹澤はそう言うが、その苦しみは想像にあまりある。わずかでも眠ってしまえば、バーナーを焚くことができず地上に落ちてしまうため、彼らは常に緊張していた。

「眠らなかったのは、お互い信用してなかったからだよ」

竹澤はあっけらかんと言う。どちらかに寸分の甘えでもあれば、二人は共に眠ってしまったかもしれない。しかし、お互いそうした甘えや寄りかかりあいを拒否し、自己責任をつらぬけば結果的に遠征は成功する。それは二人の暗黙の了解だったのだろう。

「そろそろ落ち着いてきたから〝じゃあちょっと休んでいいよ〟って、ゴンドラの中で少しの時間休むわけ。でも高度計とかピーピー鳴りはじめると、〝え、焚かないでいいの？〟となる。お互いそういう感じなんだ。一応、言葉では〝そっちに任せるよ〟とか言うんだけど、完璧《かんぺき》に寝るっていう感じには絶対ならない」

高度計はあらかじめある高度に設定しておき、そこから気球が上がりすぎたり下がりすぎたりすると、目覚まし時計のような音で知らせてくれる仕組みになっている。このとき二人は高度1000メートル前後を維持していた。そこから外れるとアラームが鳴るわけだ。

50時間もゴンドラの中にいると雑談の一つもありそうなものだが、彼らは余計なことはほとんど喋《しゃべ》らず、それぞれ与えられた役割に没頭していた。4度目のチャレンジをふいにするわけにいかないという気概だけが彼らを支えていた。

高度を維持して飛行し続けることは、単純作業にも思えるが暇をもてあましているわけではない。定期的にバーナーを焚き、高度や位置を計測機器で常に把握しながら、天候や着陸地のことも頭にいれておかねばならない。風を読み損ねて海に出てしまったり、高層ビルが乱立する都市の上空にでも流されてしまったら、命の危険さえ出てきてしまう。

カナダ・アルバータ州カルガリーを離陸した彼らは50時間38分ものあいだ飛行を続け、アメリカ合衆国・モンタナ州ジョーダンの牧場に着陸した。着陸直後の記念写真は、先回の不時着後の様子に比べると格段に美しかった。空になったボンベを全部捨て、他の機材は着陸に備えてすべてしっかり固定してある。モンタナ州ジョーダンにはカナダと違って雪がなく、牧場の地面にはゴンドラのすり跡がわずかに残っただけで、何事もなかったかのような見事なランディングだったことがうかがえる。そして、牧場の地主である女性が近寄ってきて、笑顔で写真に収まっていた。日本の田舎に得体の知れない気球が降りてきたら怪訝《けげん》な顔をされるかもしれないが、ここはアメリカである。滞空記録更新のことを話すと地主の女性は誇らしげに二人を抱きしめてくれたという。

再三にわたる挑戦の末、市吉の記録も、リチャード・ブランソンの記録も彼らはすべて塗り替えてしまった。しかも、一般に使われる中量級の小さな気球を使って、である。気球はサイズによって飛べる限界があって、容積が大きければより多くの燃料も積める。だから距離にしろ滞空時間にしろ、気球の世界記録はすべて大きさによって区別される。しかし、この滞空時間記録に関しては、小さなクラスの気球でそれより大きなクラスの記録すべてを破っているという点で、何よりも秀でていた。つまり、今日までたとえどんなに特別な気球でも、神田と竹澤以上に空に滞在していた人間はいないということだ。

世界の気球の趨勢《すうせい》が熱とガスを両方使うロジェ気球やガス気球に移行し、熱気球で記録更新をねらうパイロットが少なくなってきたという時代背景もあって、竹澤は自らが打ち立てた記録を「すきま記録」と呼んで謙遜《けんそん》するが、世界的にも画期的な記録更新だったことはいうまでもない。

熱気球での冒険が段々と少なくなってきているのは、今ある熱気球の既成の技術で挑戦できる記録が、すでに限界のところまで更新されてきたからだ。あとは女子の記録だったり、極小の気球でおこなったりということになる。何かをやる以上、記録として残したいというのは素直な発想であり、どうせやるなら国内記録ではなくて、世界記録をねらいたい。そう考えていくと、現実的にできることは限られてくることになる。

だからこそ、熱気球による太平洋横断は限界の冒険であるといってもいい。もし成功すれば、滞空時間も長距離飛行の記録も更新できるかもしれないのだ（ただし、神田の遠征が成功しても「AX－15」というクラスの記録しかとれなかった。神田の自作気球「天の川2号」は容積が非常に大きく、神田と竹澤が長距離と滞空時間の世界記録を作った気球はそれよりもはるかに小さな「AX－10」だった)。

神田は数々の記録を更新してきたが、2008年現在もまだ破られていない世界記録はただ一つ、この滞空時間の世界記録だけである。あとはもうすべて塗り替えられてしまった。しかし、その唯一の記録が、全クラスを凌駕《りょうが》していることは今もって驚くべきことでもある。

神田と出会ったとき、彼は今までの冒険の軌跡を記した年表を見せてくれただけで、一つ一つの遠征の詳細は一切語ってくれなかった。彼の成功がこのように幾度にもわたる失敗のうえに成り立っていることを知ったのは、市吉や竹澤から詳しく話を聞いたからである。こうした困難な飛行への執念を彼は顔には出さないが、誰よりも熱い思いを胸の内に秘めていたのだろう。気球仲間には〝滞空と高度と長距離の三冠をとったら俺は記録への挑戦はもうやめる〟と言っていた神田だが、そんなことはすぐに忘れて次なる計画を練りはじめていた。このときにリチャード・ブランソンらの記録を破ったことが神田にとって大きな自信につながり、気球人生を賭けて挑戦すべき課題として、エベレスト越えとともに太平洋横断をも視野に入れはじめることになった。

エベレスト越えの失敗は大きな傷として神田の内に刻み込まれていた。彼がおこなってきた挑戦のなかで、当時、唯一失敗したまま残っていたのがエベレスト越えであり、何度失敗しても驚異的ともいえるあきらめない気持ちで遠征を成功に導いてきた神田は、エベレスト越えを是が非でも成功させなければ前に進めなかった。

しかし、神田の行動力をもってしても、国が発行する飛行許可の問題だけはどうにもならない。市吉とおこなった1度目のエベレスト遠征に中国の許可がおりたのは、テレビ局というスポンサーのおかげもあっただろう。2度目の挑戦はそう易々《やすやす》とはいかなかった。

結局どのようにがんばっても中国の許可がおりず、エベレスト越えは断念することになった。しかし、転んでもただでは起きない神田は、エベレスト越えの許可を申請しているあいだに、パキスタンの許可申請におけるキーポイントとなる人間を現地でつかまえていた。そして、パキスタンでの飛行許可をもらうことに成功する。

エベレストが無理だとわかり、神田と竹澤は世界第2位の高峰K2越えへと矛先を変更した。K2に関しては、神田の動きもあってパキスタンの許可を難なく取得する。K2はパキスタンと中国の国境にあるため、中国にもおそるおそる交渉を開始すると、エベレストのときとは打って変わってすぐに許可がおりることになった。二人はすぐさまK2登山のベースキャンプとしても有名なスカルドゥに入り、日本からもってきたガスボンベを充塡《じゅうてん》しなおすなどフライトの準備を整えた。が、あとは飛ぶだけという段になって、悪天候が続き、結局飛べなかったのである。

山越えに限らず、気球の飛行は風がすべてを決める。うまく山を抜ける風に乗らなければ、どんなに優れた技術をもっていても人の力ではどうにもならないのだ。今ではインターネットを使ってすぐに天気図などを見ることができる。このとき神田と竹澤は衛星電話を使ったインターネット環境により、地上と上空の風速データや天気図を見て、出発するか否《いな》かを決定していた。ベースキャンプで天候の回復を待ち続けたが、上空の偏西風がK2方向とはまったく違った方向に吹き続けた。好転の見込みはまったくなく、失意のうちに飛行断念を決断せざるをえなかった。

彼らは来年また来るつもりで、すべての機材をそこに置きっぱなしにした。完全に準備は整い、飛行の段取りもわかっていたので、風さえよければ成功すると確信していたのだ。そして翌年、天気の安定する5月に再訪しようとしたところ、パキスタンは昨年と変わらずすぐに許可を出してくれたのだが、中国がまたも許可を出さなかったのだ。中国政府は、非常に気まぐれである。理由はこういうことだった。

「せっかくおまえたちに許可をあげたのに、去年は飛ばなかったじゃないか」と。冗談かと思ったら、彼らは本気でそう言っていた。

エベレストに引き続き、K2もまた許可の関係で飛べないことになった。しかし、彼らはいつものようにあきらめない。計画を急遽《きゅうきょ》変更して、許可申請に協力的なパキスタン内の山に目標を変更したのである。それがパキスタンの独立峰、ヒマラヤ山系西端のインダス川沿いにそびえるナンガパルバット山（標高8125メートル）だった。ナンガパルバットは登山家たちから「魔の山」としておそれられる世界第9位の高峰で、山の向こうもパキスタン領内なので2カ国にわたる許可も必要なく、念願のヒマラヤ越え飛行をするのには申し分のない目標だった。

急遽予定を変更してナンガパルバットに標的を絞り、K2用に編成していた地上の追跡部隊を新たに組み直すことにした。ただし追跡といっても山を越えてパキスタンを縦断するわけにはいかないので、K2越えのベースにしようと思っていたスカルドゥを着陸予定地にし、そこへあらかじめ人を送り込むことにしたのだ。このときスカルドゥで二人を待ち続けていたのが、後に太平洋横断の際に日本での連絡係としてあらゆる対応を仕切ってくれた元日本気球連盟副会長の角田正さんだった。英語が堪能《たんのう》な角田はパキスタン人のコックとガイドと3人でテントにこもり、4000メートルの高所でひたすら二人の帰還を待ち続けた。

神田と竹澤はパキスタンの大都市、ラワルピンディーからアフガニスタンに抜ける道を通ってギルギットを経由し、パキスタン北東部の小さな街チラースに到着する。

チラースに到着して6日間が経過したある日、深夜11時をまわった頃《ころ》、パキスタンの気象台と日本航空のオペレーションセンターから「明日、偏西風がシフトし、目的地であるナンガパルバット方向へのフライトに適した風向になりそうだ」という連絡が入った。ただし、一時的なシフトで、どのくらいの時間その方向の風が吹き続けるかは不明だという。

一時的な偏西風の変化に賭けて、二人は離陸を決意する。準備は整った。気球の周辺には地元のパキスタン人が興味津々に集まってきていた。彼らにとってははじめて見る気球である。ようやくの出発に子どもたちから歓声があがり、二人は握手攻めにあった。

多くのパキスタン人が見送るなか、二人を乗せた熱気球は現地時間2000年10月14日午前7時7分に海抜1400メートルにあるチラースを離陸した。30分後には高度9000メートル近くまで上昇し、ヒマラヤ山脈を見渡すことになる。が、この時点で、レギュレーターの不調により、バーナーにも人間にも酸素が十分に送り込まれていないことが発覚する。バーナーの火は消え、二人は酸欠で朦朧《もうろう》としはじめたが、予備の小型酸素ボンベを使ってその場を切り抜けると同時に、一度は降下しはじめた気球を再び上昇させていった。

二人はようやく落ち着いて周囲を見渡した。眼下にはヒマラヤ山脈、遠くにはカラコルムの山並みも見える。

「ヒマラヤはスケールが違う。とにかく爽快《そうかい》だった」

何度も山越え飛行をしてきた神田がそう漏らした風景は、実際に体験した彼らにしかわからないけれど、それを聞いてぼくはエベレストの頂上から見渡したあの美しい世界のことを思った。成層圏に近い濃紺の空には、塵《ちり》一つなく反射するものが一切ないために、遠近感がなくなって本当に吸い込まれそうになる。眼下にヒマラヤの峰が果てしなく続き、そこで言葉通りの「世界の屋根」を実感することになるだろう。もう一度見られるなら見てみたい。そんな絶景を彼らは数時間ものあいだ体験できたことになる。

二人は速度の速い偏西風に乗り、山々を越えて、3時間10分後にナンガパルバットの南南東60キロの地点に着陸した。きわどい飛行だったが、そのつらさを凌駕する体験とともに神田と竹澤は見事にナンガパルバット越えに成功したのだ。正確にいえば、実際は山の真上を飛んだわけではなく、ナンガパルバットの上空をかすめて飛んだのだが、それでも完璧なフライトだったといえよう。神田はついにエベレストでの無念を晴らし、この功績によって後に植村直己冒険賞を受賞する。

一つだけまったく予期していないことがあったとすれば、着陸地点だった。風はほぼまっすぐ南南東に吹き続け、高度を変えても風向は一定しており、方角を修正することができなかったために、角田が待つスカルドゥよりも数十キロ離れた、パキスタン軍の基地周辺の山腹に降りたってしまったのだ。地名でいえばそこはカシミールということになる。いうまでもなくインドとパキスタンが今もって小競り合いを繰り返している紛争地帯である。パキスタン人でさえも入れないその地域の、しかも彼らはど真ん中に降りたっていた。ど真ん中というのは、インド軍のいる場所とパキスタン軍のいる場所のちょうど境目あたりということを意味している。

「俺たち上空にいるときに撃たれたんだ。パンパンパンパンって。インド軍のほうからもパキスタン軍のほうからも撃ってきた。だけどそれでは死にはしないなと思った。あの〝ひゅるひゅるひゅる……ドーン〟っていう音じゃなくて、〝パンパンパン〟っていう音だったから」

竹澤は簡単にそういうが、銃声は銃声である。球皮に穴などあかなかったのかと尋ねると、竹澤は「あいてないよ」と笑って答えた。どうやら威嚇《いかく》射撃だったようだが、きわめて危険な状態であったことに変わりない。

「神田さんとの上空での会話では〝銃声してますから、ヘルメットでもかぶりますか〟とか冗談も言ってたよ。そして、兵士が見えたから〝ハロー〟とか〝こんにちは〟とか怒鳴ったんだ。俺たちは怪しいものじゃない、実害はないよっていうところを見せておかないと洒落《しゃれ》にならないから。でも〝これハローとか言っちゃまずいんじゃないの？〟とかそういう会話もしてたよ」

笑うに笑えない話である。インド、パキスタンの軍隊からすれば、風船爆弾でも飛んできたのかと思うだろう。威嚇射撃で済んだだけでもありがたい。

二人は地図で現在位置を確認しており、許可なしでインド側に降りたら何が起こるか想像がつかなかったこともあって、なんとしてもパキスタン領内に降りたかった。下を見ると、岩ではなく芝が刈り込まれた山腹を見つけたので、突っ込むような形で無理矢理着陸した。

そこは標高3000～4000メートルのほとんど断崖《だんがい》といってもいい急斜面だった。着陸後、10分もしないうちに銃を持った軍服姿の兵士に取り囲まれて、二人は身柄を保護された。竹澤はすぐに衛星電話を使ってベースキャンプに無事の報告と降りた場所について連絡をいれたのだが、兵士たちはその光景をいぶかしがる。

「これは電話で、決して怪しい機械ではないんです」といくら説明しても信じてくれないのだ。

そこで二人は一案を思いつき、集まってきた兵士のなかでも一番偉そうな人物に電話を貸してあげることにした。そして彼の自宅に電話をしてみせると、「本当だ！家族と話せる」といって兵士は喜んだという。こうして二人は兵士たちのご機嫌をとり、その場の空気を和《なご》やかなものにしていった。こんなやりとりもあったからだろうか、兵士は高圧的な感じもなく、対応はきわめて紳士的だったという。

英語ができない神田は、地面に絵を描いて気球が風に乗って飛ぶものだと説明し、竹澤は兵士たちにパキスタン政府の許可証を見せながら、自分たちが何者であるかということを英語でゆっくりと説明していく。神田と竹澤の熱弁に兵士たちはようやく人なつっこい笑顔を見せ、空からやってきた見ず知らずの外国人を受け入れつつあるようだった。

神田が身ぶり手ぶりでお腹《なか》が減っていることを伝えると、彼らは肉片の浮かぶ温かいスープとチャパティを出してくれた。ただし、自由に動くことは許されず、若い兵士たちが気球を回収してくれるのを二人は遠くから見つめることになった。

気球の回収が終わると、今度は山の下の方へ連れていかれた。あたりは尾根沿いに塹壕《ざんごう》が掘ってあり、そのなかには複数の兵士が隠れているのが見える。塹壕のまわりはよそ者が来てもすぐ見つけられるように刈り込んであり、障害物もない。一方で、山を下りるために使う道は森のなかにあって歩きにくいので、竹澤は刈り込んである場所を歩こうと一歩森の外に出た。その途端に兵士から「そんなところを歩いていたら撃たれるぞ!」と強く怒られたという。

この地域に軍人がいるのは当たり前の風景だが、普通の服を着た一般人がいればそこはどこかのテリトリーになることを意味してしまう。ある意味、軍隊同士がにらみあっていれば、何も起こらないのかもしれない。ただ、そこに異質な人間がいれば話は別である。それはインド、パキスタン両国の軍隊にとって、おそろしい出来事を引き起こすきっかけにもなりかねない。兵士から怒られたのはこの一度きりで、その後は軍の若者とのあいだに少しずつ人間関係もでき、兵士と冗談などを言いながら山の麓《ふもと》へと二人は向かっていった。

斜面を下りきると、そこには掘っ立て小屋があり、司令官のような人物からもう少し真剣に自分たちの出自とここに来た目的を尋問された。さらに、車も通れない山道を兵士とともに3時間も歩き続け、今度は山の麓にある前線基地まで連れていかれることになった。この頃になると、神田も竹澤も消耗し切っており、兵士に肩を借りて、ようやく歩き通せるような状態だった。

兵士によって回収されたゴンドラと球皮はすぐに二人の元にやってきたわけではなく、二人は3日ほど山の麓で待たされることになる。

「ドカンとか音がしてもあわてるな。俺たちが安全なところにおまえらを隠してやるから、絶対にあわてて逃げたりするなよ。何があっても心配する必要はないから」と兵士は言う。

あてがわれた部屋でおとなしく待機していると、連続した銃声をはじめ、迫撃弾のような強烈な音を何度も聞くことになった。敷地内には大量の薬莢《やっきょう》が転がっていて、未《いま》だに紛争のまっただ中にいることを二人は改めて実感することになった。

竹澤が持っていたビデオカメラは没収はされなかったものの、検閲され、軍にとってまずいと思われる部分はすべて消去された。記念に撮影した着陸時のゴンドラの映像も、後ろで興奮した兵士が名前を呼び合っているという理由で、消されてしまう。誰も見たことがないカシミールの映像を映した貴重なテープは、途切れ途切れになってはいるが、今も神田の家に保存されている。

二人は麓の部屋にいるあいだに世話になった兵士たち一人一人にお礼をいった。

「つきましては日本に帰ったらパキスタンの皆さんにお礼を言いたいので、連絡先を教えてくれませんか？」と、竹澤は親しくなった司令官に尋ねる。

「それは教えられません。自分は軍の任務で来ているからそういうことはできないんです」

丁寧に、しかしすげなく断られてしまう。司令官のこうしたまじめな態度がある一方で、若い兵士たちが二人の部屋にやってきては、自分の名前を書いた紙を手渡して「日本から俺に手紙書いてよ」と言うのだった。

やがて3日間が経過し、気球一式が山の上から運ばれてきた。運んでおろすというよりは、結果的に谷の斜面を蹴落《けお》とすようなものだったらしいが、とにかくもってきてくれただけでもありがたい。兵士にも悪気はなく、竹澤曰《いわ》く「ごめん、転がっちゃって」みたいな感じだったという。これらの機材は日本まですべてもって帰った。

衛星電話の使用を許された二人は、着陸予定地にいた角田とベースキャンプ、そしてラワルピンディーの本部に電話をかけた。ベースキャンプでは、政治的なことはなんとか助けることができても、当然カシミールへ迎えに行くことなどはできず、待っているしか為《な》す術《すべ》がない。最終的に二人は兵士にお金を払い、軍のジープを出してもらって、気球と一緒にいわゆる県境の町まで送ってもらうことになった。払ったお金もたいした額ではなく、兵士たちは見ず知らずの二人に相当親切にしてくれたことになる。兵士と親しくなって山を降りたあと、竹澤は冗談交じりに兵士に問うた。

「おまえら、俺たちを撃っただろ？」

兵士は返答する。

「違う違う、おまえたちを撃ったのはインド人。インド人だからね」

しかし、二人はパキスタン側からも明らかに撃たれていたのだ。カシミールの山奥に徴兵されて2年も3年もいる兵士たちにとって、怪しい外国人が乗った気球は、恐怖の対象というよりは好奇心の的だったのかもしれない。銃で撃つという手荒い歓迎ながらも、突然の来訪者を邪険にせず温かく迎えてくれたというパキスタン軍の兵士に、ぼくはどことなく親しみを覚える。

ジープがカシミールの入口に位置する町に到着すると、そこですべての拘束が解かれ、兵士と別れることになった。さらにそこから1日かけて、車でラワルピンディーへと向かい、遠征隊の皆と合流して二人は日本に帰国したのだった。

その後、竹澤は違う仲間たちとロシアからベーリング海を越えてアメリカへ飛んだり、商業フライトの一環で万里《ばんり》の長城《ちょうじょう》やチベットなどでも気球を飛ばしている。しかし、この遠征を最後に神田と竹澤はコンビを解消することになる。常に神田と一緒に遠征をおこなってきた竹澤のなかには、他人にはうかがいしれない葛藤《かっとう》もあったのだろう。

神田と竹澤は渡良瀬などで頻繁に顔を合わせており親交は続いていたのだが、神田からの誘いにもかかわらず、次におこなわれる太平洋横断遠征に彼は同乗しないことを決めた。

「メーカー製の気球ではなく、自作気球でおこなうことはリスクが高すぎる」

それが、竹澤が太平洋横断に同乗しなかった大きな理由の一つだが、さらに突っ込んで話を聞いてみると、そうした具体的な理由だけではなさそうだ。

「あまりにも考え方が違う。何がと言われても困るんだよね。細かく言えば、まあ無限にあるくらいたくさん？　ただし、〝作戦が違う〟って言いながら、俺は別の作戦でそれをやったわけじゃないから、神田さんのやり方について何か言う資格はないよ。

実行に移したのは神田さんで、そこには雲泥の差があるんだ」

竹澤はぶっきらぼうに言うが、そこには神田への確かな敬意が感じられる。彼もまた神田の行動力に感服している一人の盟友である。竹澤のような明確なフライト哲学があるわけではなかった自分は、あまり深く考えずに神田と行動を共にすることになった。竹澤が参加しない太平洋横断遠征に副操縦士として乗り込むことになったのは、他ならぬ、ぼくである。

第五章　熱気球太平洋横断

気球でアメリカに入国するための特別なビザを取得するなど、もろもろの飛行準備に奔走し続けながら、ぼくたちは2004年の年明けを迎えた。出発日は、その日の気象に大きく左右される。洋上におけるジェット気流の方向と強さはもちろん、離陸に適した地上の天気も考慮しなくてはいけない。

過去のデータによると、1月から2月末までのあいだにスピードのあるジェット気流が一直線に北米へ向かう日は、2~3回はある。それがいつくるかまったくわからなかったのだが、待機期間に入ったばかりの1月6日に早くも気流の状態がよくなる気配があった。急いで離陸地である栃木へ向かったものの、結局直前にチェックした気象データで気流の状態に変化があり、延期。

その後、19日にもまた気流がよくなる見込みがたち、マスコミや協力してくれる方々などに招集がかかり、ゴンドラも離陸地である河川敷に運ばれ、いよいよ出発かと思われたのだが、それもまた直前に気流が悪くなって、延期になった。ぼくたちが参考にしていたのはアメリカのＮＯＡＡ（National Oceanic and Atmospheric Administration）という機関が作ったウエブサイトで、それは研究者などが手続きを経てはじめて使えるきわめて有用かつ信頼できる情報である。

ジェット気流の方向も速度も十分で、以前よりも安定していると思われる日がやってきたのは1月27日だった。26日の夜に栃木入りし、近くの関係者の家で仮眠をとった後、いよいよ離陸地である栃木県栃木市の河川敷へ車で向かった。川にかかる通い慣れた橋を通りかかったとき、ライトに照らされて闇夜《やみよ》に浮かぶ巨大な気球が見えた。一般の人が目にする気球の約８倍の容積をもつオバケ気球は、すでにきれいに膨らんでいて、今にも飛んでいってしまいそうになっている。全高36メートル、最大直径26メートル、体積およそ１万２０００立方メートルで、人間なら35人は軽く乗せられる世界最大クラスの自作熱気球である。

人だかりができて騒然としているゴンドラのまわりを１周して気球の状態を確かめると、すぐに最終準備にとりかかった。もっていく荷物の最後のチェックをして、分厚い羽毛服の上下を身につけた。１万メートル上空まで上がり、しかも歩行などの運動もないまま座り続けるので、身体《からだ》の熱を奪われない工夫を入念にしなくてはならない。

報道陣の前で最後の記者会見をおこない、カメラのストロボが一段落した後、小便をしてゴンドラへ向かった。空の上では、小便は極地の旅と同じようにボトルの中にして、大便はなるべくしないように心がける。下剤を飲んですっきりさせてから乗り込めば、60時間程度ならしなくて済むだろう。上空で食べる食事はカロリーメイトとお湯だけなので、内臓を刺激されるものは何もないのだ。

ゴンドラの中に入って、高度計やGPSなど機器の再チェックをした。ぼくの頭上、ゴンドラの上では神田がバーナーを焚《た》きながら、地上の人々に最後の挨拶《あいさつ》をしている。そうこうしているうちにゴンドラはいつのまにか陸から浮き上がりはじめて、ぼくが気づいたときにはすでに人々が豆粒のようにしか見えなかった。

協力してくれる気球関係者や報道陣、離陸を見守る人々に囲まれて、気球はバーナーの轟音《ごうおん》とともに空へ向かっていく。ゴンドラには飛行機の翼についているのと同じ、赤と白の光が点滅するナビゲーションライトがぶらさげられており、それを絶えず光らせながら、巨大な熱気球は夜明け前の薄暗い夜空をのろのろと上昇していったはずだ。それは、闇夜に浮かぶ得体の知れない行燈《あんどん》のごとく妖《あや》しい物体に見えただろう。3・7トンもの重量をもつゴンドラの上昇スピードは想像以上に遅く、見ている人は不安に思ったに違いない。

離陸直後のゴンドラ内では、計器チェックや無線連絡、またバーナーの操縦などで二人のパイロットは息つく暇もなかった。高所登山や極地遠征に適した分厚い羽毛服の上下を着た二人の男がゴンドラにおさまると、室内はだいぶ窮屈に感じられた。ゴンドラはビルの屋上などにある丸い形の貯水タンクを改造して作られていて、畳2畳分くらいの広さしかない。四方に窓が付けられていて、上空で浴びるであろう強烈な紫外線を避けるためにフィルターが貼《は》られ、壁の部分には防寒のための特殊な発泡スチロールが貼られている。そのような空間に、軽自動車のシートを二つ取り付け、まわりにはさまざまな装備が備え付けられている。GPS、高度計、温度計、航空無線、衛星電話、日本時間を示す時計と世界標準時を示す時計、懐中電灯、ヘッドランプ、酸素ボンベ、食料、ナイフ、電池、ドライバーなどの工具、お湯を入れた保温容器、小便をするためのボトル……、ぼくたちは足を伸ばすこともできなければ、天井が低いため立ち上がって直立することもできない。長時間同じ姿勢のまま耐えなければならなかった。

気球はゆるゆると上昇し続けていた。もうすぐ顔を出す太陽の光によって闇は薄められ、滲《にじ》み、だんだんと地上の様子を透かしはじめていた。神田はしきりに球皮内の温度を気にしている。球皮内の空気をバーナーによって熱しすぎると、球皮そのものを傷めてしまい致命的なダメージを受ける。しかし、このとき球皮内に設置された温度計がどういうわけかうまく作動してくれなかった。本部と無線で連絡をとりあって対処方法を議論したのだが、結局遠征のあいだはずっと機能することはなく、自分たちの勘にまかせることになってしまった。この計器の不調は致命的なミスではなかったが、これから積み重なっていく不運な出来事の最初のひとつだった。

球皮内温度計をあきらめて、高度計に目を移す。窓からわずかに見える風景ではよくわからなかったが、数字のうえではみるみるうちに高度が上がっていた。気球ははじめ北に流されて、その後東へ、太平洋のほうへと向かっていった。

離陸直後の無線でのやりとりが一段落した後、ゴンドラから顔を出して外を見てみると、日の出前の薄暗闇が広がり、通勤通学に備えてあわただしい朝を迎えているであろう家々の明かりが見えた。高度5000メートル近い場所から、生身をさらして裸眼でそれらの灯火だけをただただ眺めた。大地があり、その上に建物があり、さらに上空を鳥が飛び、雲があり、空があり、そして今自分がここにいる。地上に足は着いていないけれど、なにか大きなものの中に自分がいて、浮かんではいるけれど、存在するすべてのものと密接に関《かか》わっているという実感があった。見慣れた日本が、日本ではない。眼下に広がっているのは大地であり、人々の営みを抱え込んだ地球そのものだった。明かりの一つ一つに、人々の暮らしがあり、人の息吹がある。

ぼくはパスポートをもってきてはいるが、出国スタンプも押されないままに、そろそろ本州の上空からはみ出ようとしていた。たとえ雲の上にいたとしても、ぼくはぼく以外の何者でもないのだが、普段は当たり前に存在しているはずのあらゆる連続性から切り離されて、三次元の新たな地平へと導かれていく。空と大地からの二つの視点が、自分の頭の中で交差したとき、ぼくの前に世界は文字通り立体的な姿を現した。それは想像力の限界を超えて、新しい旅へのはじまりを大きく予感させるものだった。

離陸直後は、分厚い羽毛服の上下が暑くて仕方なかったのだが、高度が上がるにつれて、ジッパーを上まであげていても暑さによる不快感はなかった。暑さどころか、頭上から強い冷気が吹き込んできて、徐々に生を拒む場所へ近づきつつあるのがわかる。

「そろそろ酸素マスクをつけたほうがいい」

神田はそう言って、医療用の酸素マスクを顔にとりつけた。ぼくは耳まで隠れる赤い帽子をかぶって、その上からゴム紐《ひも》がついた透明なビニールの酸素マスクを装着した。気球で高度を上げる場合は、低地から酸素を吸っていかないと身体がついていかなくなる。7000メートルや8000メートルに行ってから酸素を吸いはじめても、手遅れなのだ。

スイッチをオンにしたままの無線からは、同じ周波数を使って交信している見ず知らずの男たちの声が聞こえてくる。朝日新聞のヘリコプターが上空から気球の写真を撮るために近づいてきて、「位置を教えてほしい」という無線連絡が入ったので、GPSを見ながら現在地を伝えた。ぼくたちは気づかなかったが、ヘリはいつのまにか接近して写真を撮って去っていったらしい。上空を飛ぶぼくたちの気球がその日の朝日新聞夕刊の一面に載ったのを知ったのは、ずっと後になってからだ。

進行方向とスピード、緯度経度などをサポート本部に連絡し、しばらくはあわただしい時間を過ごした。一段落したところで、立ち上がって再びゴンドラの上に顔を出すと、気球の進行方向にどこまでも続く海が見えた。いよいよ逃げ場のない太平洋上空へと気球は出ようとしている。

まわりを見渡すとまず本州の海岸線が見えて、さらに視線を移すと、蛇行した川や畑、民家、山などが小さく見えた。すでに太陽はあがりきっていて、ゴンドラ内を優しく暖めてくれている。

ぼくは上空に出たら一つだけ見てみたいものがあった。バルーンスパイダーと呼ばれるクモである。ちっぽけなバルーンスパイダーが孵化《ふか》しはじめると、彼らはすぐさま葉の先端までよじのぼり、そこで絹のようなバルーンを尻《しり》から紡ぎ出す。そして号令に合わせるかのように、いっせいに風に乗り、新たな土地を求めて果敢に出帆するという。

生物がいないはずの高度1万メートルの上空に、ジェット気流に乗って太平洋を横断するそうしたクモがいる。海外では8000メートルくらいの上空で飛行機からクモを採取した例があるし、ヒマラヤでは4000メートル以上の高地にもクモが生息していることがわかっている。生きるために適した場所があるかもわからず、たとえうまい具合に風に乗ったとしても、海に落ちるかもしれないというリスクを背負いながら新天地を求めて旅するクモは素晴らしい冒険者であるといえるだろう。

ぼくたちはクモほど身軽ではない代わりに、たとえ上昇気流がなくても足を前に踏み出しさえすればどこへだって旅立つことができる。そのことをこの太平洋横断遠征によって証明することは果たしてできるだろうか。

ぼくは頭を引っ込めてシートに座り、出発直後の雑事に追われてすっかり忘れていたお湯を喉《のど》に流し込んだ。高所では、血液の循環をよくし、高山病に煩わされないために大量の水を必要とする。ぼくはコップ1杯のお湯を無理やり飲み込むと、チョコレートをひとかけら口に放《ほう》り込んだ。

突然、上で違和感のある音がした。何かを火であぶったような音だった。上を見上げると、巨大なアルミがバーナーにかぶさって溶けている。一瞬、なにがなんだかわからなかった。よく見ると、球皮の内側に蒸着されたアルミ部分が大きく裂けている。一部のアルミが剝《は》がれ落ち、それが落下してバーナーの炎にかぶさってしまったようだ。当然、炎は消え、溶けたアルミがバーナーに付着してまずいことになっていた。

バーナーに付着したアルミをあわてて取り除こうとすると、さらに頭上から新たに剝がれたアルミが舞い落ち、燃えたままゴンドラの床に接地した。その瞬間、床の一部が燃え、ぼくは気が動転するのをおさえて足でそれを踏み消すと、ようやく事情を察知した。

神田はすぐにゴンドラの上に上がり、バーナーにかぶさったアルミの束を取り除いている。火を消そうとした彼の手袋は半分燃えてなくなり、右目の横に燃えたアルミが落ちてきて軽い火傷《やけど》を負っていた。

球皮内の温度計が機能していないためにぼくたちは自分たちの感覚を信じてバーナーを操っていたのだが、上昇を繰り返す際にバーナーを焚きすぎたか、あるいは急激な上昇を試みたことによって、外側の球皮が予想よりも伸びてしまい、内側に縫われていた伸縮しないアルミがそれに耐えきれずに破れてしまったようだ。単に球皮内温度計の不具合が原因というよりは、アルミの接着方法など球皮自体の構造上の問題もこのときに浮き彫りになった。

ぼくたちは一気に疲れ果てて、言葉もなかった。（この遠征は本当に大丈夫だろうか）と不安な思いが口からこぼれそうになったが、言っても仕方ないことをあえて言葉にするのは馬鹿《ばか》らしい。これからいかに持ち直すかを考えるのが先決だ。

アクシデントに対処しているあいだに、すでに気球は太平洋上を着々と東に進んでいた。無線はまだかろうじて通じ、サポート本部とのやりとりでは「もっと高度を上げるように」という指示を頻繁に受けた。気球は高度5000メートルくらいを上下していて、さらにスピードの速いジェット気流の核心部分に乗るためには8000メートルくらいまでは上がらないといけない。それはこちらでもよくわかっていたのだが、なかなか気球が上昇してくれないのだ。

頻繁にバーナーを焚いて、ゆっくりではあるがどうにか高度を上げようと試みる。そのうちに、気球は真っ白な雲に包まれていった。ぼくたちは分厚い雪雲の真ん中に入ってしまったのだ。アルミが剝がれ落ちたことによって球皮内の温度が上がりにくくなり、上昇速度は必然的に遅くなっていった。それどころか、少し油断するとすぐに降下をはじめてしまう。また、バーナーの種火が突如消えることもあった。上空では酸素が薄いので、人間が吸うための酸素とともに、バーナーにも酸素を送ってやらないと火が消えてしまう。バーナーには高所を飛ぶために酸素注入用のパイプがつけられていたのだが、一連のシステムがうまく機能していなかったようだ。そのたびにピストル型の簡易着火器具でバーナーに種火をつけはしたが、あまりにも頻繁に種火が消えるので、いちいちゴンドラの上まで上がって何度も着火しなくてはならず、それだけでぼくたちは疲弊しきってしまった。

バーナーへ送る酸素の量を強めるなど試行錯誤しているうちに、火はなんとか安定を取り戻してくれた。ゆるい上昇を繰り返していた気球が、雪雲を突破してさらに速いジェット気流に乗ったのを感じたのは、ゴンドラの小窓から太陽の光を浴びたときだった。あの忌々しい湿った雲はどこかに消え、青空が見える。

青空は、見上げるとそこにあるものだと思っていたが、ここでは上を見ても下を見ても青しかない。近景も遠景もなく、広角レンズも望遠レンズも役に立たない、遠近感のない青である。色の中に入ってしまったかのような喪失感、あるいは圧倒的なまでの一体感があった。空っぽだが、しかし激しく濃密な空間。無音の世界でぼくは自分の息の音を聞いて、かろうじて生きていることを知る。

バーナーを焚いていないときは、自分たちの荒い呼吸以外は何も聞こえない。無線は雑音しか拾わなくなったので、電源を切ってしまった。ぼくたちはシートに座り、微塵《みじん》の揺れも感じないまま、GPSの数値上では時速211キロの速さで東へと移動していた。気球は風と一体になって進むため、高速で吹き飛ばされながらも、自分たちが乗っているゴンドラは揺れることも、傾くこともない。ただ音もなく東へ飛んでいくだけだ。

窓から降り注ぐ太陽光は優れた音楽のようだった。光はゴンドラの中を暖め、張り詰めた静けさの中で、ぼくはゆっくりと気持ちよくなっていった。それにあわせてまぶたを閉じると、すっと意識がなくなる。恍惚《こうこつ》とした陶酔状態がしばらく訪れた後、ふと我に返る。それを何度か繰り返した。

どうも長い間、バーナーの音が聞こえない。変だなと思って横を見ると、バーナーを握っている神田の様子がおかしくなっていた。目を閉じていて、時々眉間《みけん》がぴくりと動いた。やがて苦しそうに顔をしかめたかと思うと、肩の辺りが痙攣《けいれん》しはじめた。痙攣は全身におよび、がくがく身体中を震わせている。ぼくは何事かと思い、神田に声をかけたが返事がない。すぐに神田の酸素マスクへつながっているパイプを調べると、ゴンドラの蓋《ふた》の部分のへりにシリコンのパイプがあたって、ぐにゃりと折れているのがわかった。酸素の供給がそこで止まっていたのだ。

8000メートル弱の高さで、順応もせずに突如無酸素状態に陥った場合、人間は数分で意識を失う。ぼくはすぐにパイプを元通りにし、酸素の流れを確かめた。するとすぐに神田の痙攣が止まった。ゆがんでいた表情は平静に戻り、肩で息をしはじめた。「大丈夫ですか⁉」と声をかけると、ゆっくり目を開けて「ああ……」と彼は言った。

高度が高くなるにつれて恍惚状態に陥るのは、昔の気球乗りが残した記録からも確認されている。だんだんと気持ちよくなって、すべてがどうでもよくなり、行動を放棄する。それは死ぬ前の一瞬のエクスタシーで、やがて永遠の睡眠が訪れる。酸素ボンベから酸素さえ吸っていれば、そのようなことは起こらないと信じていたが、ぼくは常に睡魔と戦わざるをえなかったわけで、それは高山病（高度障害）の症状以外の何物でもなかった。もし自分一人で気球に乗っていたら、そのような誘惑に屈せざるをえなかったのではないか。

睡眠と覚醒《かくせい》のはざまを行ったり来たりしながら、ぼくたちが乗った気球は巡航高度の８０００メートルに達し、速度はコンスタントに時速１５０キロ以上を記録するようになっていった。ジェット気流の核心部分に乗り、バーナーの調子もそんなに悪くなく、飛行は安定しはじめていた。これが維持できれば、北米大陸に到達することも夢ではない。このときはそう信じていた。

ぼくたちの目の前には、木の板に貼り付けられた日本から北米までの地図がある。ＧＰＳで定期的に緯度経度を確認し、そこに赤ペンで現在地を書き込んでいくのだが、数時間おきの気球の移動距離は、小さな地図の上ではほんのわずかに過ぎなかった。居眠りから覚めて、ＧＰＳを手にとり、地図を確認しながら（ああ、まだこれしか進んでいないんだ）と落胆する。それを何度繰り返したことだろう。すでに燃料として積んだ９本の巨大ガスボンベのうち３本は空になっていた。

神田がゴンドラの上に出て燃料のボンベを付け替えてくるたびにＧＰＳを見て、「おかしいな、まだこれしか進んでいないのか」と呟《つぶや》く。高度障害の影響もあったのか、同じ言葉を何度も口にしていた。ぼくはそれを聞きながら、先行きへの不安を感じずにはいられなかった。ぼくたちは明らかに燃料を消費しすぎていたのだ。
　気球が地図の上で水平方向に移動していることを意識し、同時に高度計の数値を確認しながら、常に高さを意識し続けた。自分たちの居場所を自分の目ではなく常に数値によって把握し、イメージの中で垂直と水平の意識を交差させながら移動するのは、今までの経験に照らしても特異なことだった。かつて山の頂上を見上げて歩き、水平線を見つめて航海をしていたが、気球の旅ではその両方の感覚が必要になる。想像力を果てしなく喚起し続け、空からの視点に自分自身さえも見おろしてしまうかのような新しい感覚が自分の中に植えつけられるとしたら、ぼくはこれから旅を続けていく中で、多様な世界をもっと深く強く認識できるようになるかもしれない。

　右斜め前方の小窓から飛び込んでくる太陽の光がだんだん弱まっていることに気づき、やがてくる闇の気配を感じた。真っ暗になる前に懐中電灯を用意し、機器類の数値を見落とさないように注意する。夜の帳《とばり》がおりるのは、驚くほど早かった。空が紫色に変わったかと思うと、上空に三日月が出て、見渡すとすでにあたりは闇に包まれていた。気温は急激に低くなり、三重の防寒装備をつけた足先が多少痛くなりはじめている。外気温はマイナス50度くらいだろうか。ゴンドラの中は、上でバーナーが焚かれていることもあって、マイナス20度くらいにとどまっている。常に足先をもぞもぞと動かしながら、長い夜の訪れを不安に思わないわけにはいかなかった。

バーナーの炎が闇を切り裂いて、上空を赤く照らす。ぼくたち二人は1時間おきにバーナーの操縦を交代し、一人がバーナーを握っているあいだ、もう一人は仮眠をとることにした。神田が眠って、次にぼくが眠り、神田が再び眠りについた。時間がやってきて、2回目にぼくが眠り始めたころ、神田に名前を呼ばれて目が覚めた。

「大切な話がある」と彼は切り出し、今回の飛行を断念するか迷っている旨をぼくに伝えた。彼は前方を向いたまま、しぼりだすようにして話し始めた。球皮の一番下の部分が燃えて穴があいてしまっていること、そしてこのまま飛び続けても、よくて太平洋の3分の2、あるいは半分くらいまでしか行くことができないだろうと彼は推測する。球皮の下部に穴があいていることにぼくは言われるまで気づかなかった。どうやら、酸素不足によるバーナーの不調により、炎が垂直に伸びないまま四方に広がり、その広がった真っ赤な炎によって、球皮の一番下部のところが燃えてしまったらしい。神田は随分前にそれに気づいていたが、ぼくには隠していたようだ。二重構造のアルミが剝がれたことに加えて、球皮の下部に穴があいたことで、燃料効率は前にも増して悪化していた。バーナーをいくら焚いても上昇率がさっぱり上がらないのは、これらが原因だったのだ。

たとえ球皮の問題に目をつぶってこのままだましだまし飛び続けても、結局は燃料切れで海に落ちることになる。残りのガスは、ぼくたちを北米へたどり着かせるために十分な量ではなく、船の航行も少ないそのような海域に着水するとまず命は助からないだろう。それらのことをゆっくりと神田は説明し、「自分は降りたほうがいいと思っている」と目を閉じながら言った。2年以上の歳月をかけて計画を進めてきた神田の情熱と努力を、多少なりともぼくは知っている。それらの時間の重みと、彼の無念の表情が重なり、目を合わせるのがつらかった。酸素ボンベから出てくる酸素の流量は十分なはずなのに、なんだか息苦しかった。飛び続ければもっと危ない状態へ自分たちを追い詰めることになるし、今、海へ向かって下降することもまたリスクが少なくない。何より、夢を自分たちの手で絶つことが、残念で仕方なかった。

しかし、神田は空のことを熟知している。断腸の思いで降りることを提案した神田の考えはきっと正しいだろう。

数秒の沈黙の後、ぼくは神田の提案に同意した。すでに気球は日本から1600キロも離れた場所にいる。離陸から12時間後の1月27日午後6時半のことだった。

降りることを決断してからのぼくたちの行動に迷いはなかった。まず衛星電話で本部へ連絡し、計画断念の旨を伝え、徐々に高度を下げはじめる。海面から500メートルくらいのところで燃料がなくなるまで漂いながら、朝を待つという作戦を決めるまでは順調だったし、救助に関してもさほど心配はしていなかった。

しかし、高度を下げていくうちに横殴りの雪が降ってきて、状況は一変する。雪によって球皮がみるみるうちに重くなり、下降のスピードが速くなっていった。バーナーの炎を見上げると、細かい雪が水平に走り抜けていくのがはっきりとわかった。炎に照らされた猛スピードの雪の移動を見ていると、恐怖に駆られた。今までのペースでバーナーを焚いていても、高度を保つことはできない。かといってバーナーを無理に焚き続け、球皮をこれ以上傷めたら飛行すること自体が危うくなる。考えているうちに、高度計の数値はどんどん下がっていった。そのときはぼくがバーナーを操っていて、ふと高度計を見るといつのまにか150メートルほどになっているのに気づいた。窓を見ても海面はまったく見えない。

(やばい!)

心の中で叫んでバーナーを一気に焚いた直後、十数秒ほど経《た》ってから多少の振動とともにゴンドラが海に着水した。ぼくは酸素マスクを放り投げると、血の気が引く思いで上空を見上げた。神田が、ぼくの頭上、つまりゴンドラの上で作業している最中だったので、衝撃で落ちたりしていたら大変なことになる。ぼくが声をかけるより先に神田の声がした。

「どうした!?」

「着水しました！　もう一度上がりますか？」

今だったらバーナーを焚けば気球はまだ上昇できる。

「いや、やめておこう」神田はゴンドラ内に戻ってくると、よく切れる剪定《せんてい》バサミをとりだして、ゴンドラの内部と外をつないでいたバッテリーなどのコード類をすべて切断しはじめた。コード類を切らないと、上部のハッチ（蓋）が完全に閉まらないからだ。すぐに衛星電話で本部に連絡し、着水したことを告げて救助を要請した。

球皮はまだ膨らんだままだったが、ぼくたちはハッチを閉めてゴンドラを密閉し、漂流に備えた。もう少し余裕があれば、球皮内の空気を抜くためのロープを引っ張り、まわりについたガスボンベをすべて切り離すのだが、ぼくたちはすでに海面を漂っている。海水がゴンドラ内に入ってきたら命に関わるので、とにかくハッチを閉めることを優先した。

食料も水もまだ数日分は残っていたので、この時点ではそんなにあせってはいなかった。しかし、海は時化《しけ》ており、ゴンドラはすぐに波に弄《もてあそ》ばれることになる。時間の経過とともに、中途半端にしぼんだ球皮は横になって海上に倒れ、中の空気が完全に抜け切れないまま風を受けて、ヨットのような形でゴンドラを真横に傾けながら引きずりはじめた。

真横になったゴンドラのなかでは、ぼくたちはまともに座っていることさえできなかった。所狭しと置かれた装備類は大地震が襲ったかのようにめちゃくちゃに散乱した。床に備え付けられていた軽自動車のシートはゴンドラの傾きによってはずれ、そのまま落ちてきてしまった。ぼくはどうにか這《は》い上がってその上に横になると、今度はゴンドラがすさまじいスピードで海上を走りだし、沈まない飛び石のように海面を勢いよく跳ねている。ぼくたちはきわめて危険な状態にあることをこのとき悟った。

ここから先の苦しみはどんなに時間が経とうが忘れられないだろう。まずは外に着けられた巨大なガスボンベのシリンダーが、嫌な音を立ててゴンドラの壁を破壊せんばかりにぶつかってくる。散乱した荷物のなかから、なんとか衛星携帯電話を手にとったが、予備のバッテリーやライフジャケットなどは取り出すこともできなかった。ぼくたちはすでに船酔いしており、上半身を起こそうものなら吐き気が襲ってくる。見えない空を見上げながら、ただただ救助の船を待つしかなかった。

そのとき信じられないことが起こった。閉めたはずの天井部分のハッチの隙間《すきま》から、溢《あふ》れだすようにして海水が流れこんできたのだ。このゴンドラは一応蓋が閉まって、密閉される構造になっている。事前に着水実験もおこなっていた。しかし、気密式ではないため、ハッチにパッキンはしてあるものの、波をかぶると隙間からの浸水は免れない。海水が入ってきた瞬間、ぼくは絶望的な気持ちになった。海面を揺られているだけだったら、船酔いに耐えて救助を待てばいい。だが、海水がゴンドラ内に入ってきた場合、中にいる人間は本当に無力だ。やがてゴンドラは暗い海の底へ沈んでいくだろう。あるいはその前に溺死《できし》するかもしれない。そんなことを考えていると、また音を立てて海水がゴンドラの中に入ってきた。ぼくたちは近くにあったロープを引きちぎって、ハッチの裏にある金具に結び、そのロープを思いっきり引っ張ることで水が入ってくるのを最小限に食い止めようとした。それによって確かに浸水してくる水の量は減ったが、浸水が完全に止まることはなかった。すでにゴンドラの底のほうに水が溜《た》まって、ちゃぷちゃぷと不気味な音を立てている。ぼくたちはさらにハッチに毛布をあてがって、水が浸入してくるのをどうにか止めようと必死だった。

今は膝下《ひざした》までの水位しかないけれど、やがて太ももまで浸《つ》かって、胸まできて、首を越えて……、と考えていくと、そこで想像を打ち切らざるをえない。タンクが沈む前にハッチを開けて脱出し、今着ている分厚い羽毛服の上下のまま、真っ暗な海に飛び込んだらどうなるだろう。水を吸った羽毛服は体を浮かせてはくれないはずだ。でも冬の海で衣類を脱いで飛び込んだら、間違いなく低体温症になって生き延びることはできない。外に浮かんでいるはずの球皮につかまってみようか。いや、だめだ、すぐ沈むに決まっている。

どうやって生き延びるか。それが最大の課題だった。海は時化ていて上半身を起こしただけで激しい酔いに見舞われるのだから、ぼんやり頭の中で考えをめぐらすしか他にできることはない。半分まぶたを開いて、薄暗いクリーム色の壁の先にある天を仰ぎながら、高度８０００メートルの空から海までやってきて、次はどうすれば陸地へ戻ることができるのか、ただそれだけを考えていた。

突然プラスチックが裂けるような不快な音が耳に飛び込んできた。ぼくたちが渾身《こんしん》の力でハッチを中から引っ張っていた矢先、ＦＲＰ製のゴンドラのどこかにひびが入ったのかもしれない。もはやこれまでかと思ったが、下で音を立てて揺れる水の量はさほど変わっていないようだった。どうやらゴンドラの床にボンドで接着してあった手作りのテーブルが剝がれてきたらしい。ぼくたちはテーブルを背にしてなんとか持ちこたえていたのだが、もうそれもままならない。ハッチの隙間に毛布をあてて水の浸入を防ぎ、毛布は足で押さえつけた。後ろにはカーバッテリーなどの重い荷物があって、それがテーブルと一緒に崩れ落ちてくるのをぼくは背中で食い止めており、とにかく身体中を使ってふんばり続けた。

船酔いはどんどん激しくなり、はじめに神田がカロリーメイトを入れていた箱にもどした。こういうときは早く吐いてしまったほうがいい。ぼくはなんとかこらえていたのだが、やがて我慢できなくなって、自分も同じ箱に吐いた。船酔いはその後ますますひどくなり、どうしようもなくみじめな気持ちになりながら横たわっているほかなかった。

力を振り絞って、胸のあたりにしまいこんだ衛星携帯電話を引っ張り出し、サポート本部に電話をかけた。そこで告げられたのは、海上保安庁の救助船が来るまで3日かかる、という絶望的な答えだった。今までぼくは、どんな危険な状態に遭遇しても（もうだめだ）と思ったことは一度もない。そう思ったときが死んでしまうときだと考えていたからだ。しかし、このときばかりは（もうだめかもしれないな）と真剣に考えた。人間はそう簡単に死ぬもんじゃないと自負している自分こそ、こういうときにあっけなく死んでいくのかもしれない。

　ぼくはそんな気持ちとは裏腹に「このまま朝まで耐えることができれば、助かりますよ」と神田に言った。神田もまだまだあきらめている様子はなく、外から激しい音を立ててぶつかってくるガスボンベを切り離す方法はないか、ずっと考えていた。

　どのくらい時間が経ったかもわからない。海面を滑っていたゴンドラが急に止まったかと思うと、横倒しの状態から起き上がりこぼしのようにゆっくりともとの位置に戻った。どうやら球皮とゴンドラが切り離されたらしい。ねじれを伴う強烈な力で引きずられたおかげで、球皮とゴンドラをつなぐカラビナが割れたのだ。あの頑強なカラビナが割れるなんて想像もしなかったが、それしか考えられなかった。ゴンドラがもとの位置に戻ると、浸水は弱まり、ガスボンベのシリンダーに外から叩《たた》かれる回数も極端に減った。しかし、それでもぼくたちは小山ほどの高い波のうねりの合間にいて、茫漠《ぼうばく》とした夜の海原に身を任せながら漂流し続けていた。

ゴンドラの傾きがおさまり、ようやく衛星電話で再度本部に連絡を入れられる状態になったので電話をかけると、近くを航行中の日本郵船のコンテナ船がこちらへ救助に向かっていることを告げられた。ぼくと神田は安堵《あんど》のため息をつき、しかしそれでもハッチだけは力をゆるめずに引っ張り続けた。

数時間後、P－3Cと呼ばれる海上自衛隊の航空機が上空を旋回しはじめ、その明かりが窓から目に入った。さらに、深夜3時半頃《ごろ》になって聞き慣れないエンジン音を聞く。とうとう日本郵船のコンテナ船が近くまでやってきたのだ。まわりを囲んでいたシリンダーがゴンドラを叩く嫌な音と不気味な波音しか聞こえなかった空間に、ぼくたち以外の人工物から発せられる音がある。それは、二人の気持ちを奮い立たせるには十分な出来事だった。

ゴンドラには四方に窓がついており、船の強烈なサーチライトが半分沈みかけたゴンドラの内部を照らしている。片側の窓は完全に海に没しており、海中の真っ暗闇が窓にへばりついていた。サーチライトの光や薄暗い空の様子は左側の窓からしか感じられず、ぼくたちは海上と海面の境で為《な》す術《すべ》もなく右往左往していた。そのことに気づいてから（あるいはその前からずっと）、ぼくはこのゴンドラが海中へ徐々に沈んでいくのではないか、という想像から逃げられず、焦燥感を抱き続けていた。

ゴンドラの外の状況を確認したいと思ったが、ゴンドラのハッチは、外側から何か得体の知れない力が加わって、まったく開こうとしなかった。本来ならハッチは、洋式便器の蓋のようにパカパカと開閉する構造になっており、いかにそれを開けずに固定しておくかのほうが問題だった。なのに、足で蹴《け》り上げても開かないどころか、ぴくりとも動かないのは、いったいどうしたことだろう。付けっぱなしになっていたバーナーが外で引っかかっているのだろうか、それとも球皮がゴンドラの上に被《かぶ》さってきているのだろうか。

片側から入り込んでくるサーチライトの光がますます強くなった。救助艇が確実に近づいてきている。ぼくたちは時々大声をあげて、自分たちの生存を船に伝えようとした。届かないとわかっていても叫ばずにはいられない。ぼくたちは我を忘れて声をあげ続けた。

船がゴンドラまで近づいてから、実際に救助がおこなわれるまでにはだいぶ時間がかかった。ゴンドラの外へぼくらが出られれば、救助する側も安心しただろうが、こちらはハッチが開かずに顔も出せないのだ。彼らも奇妙な形をしたゴンドラへすぐに近寄っていいものか、戸惑いを感じていたことだろう。

しばらくすると日本語ではないであろう人の声がゴンドラの外から聞こえた。ぼくたちに声をかけているのか、あるいはレスキューの際に用いる特殊な言葉のやりとりなのだろうか。こうなったらハッチが開かないなどと言っていられない。蹴破ることはしなかったが、火事場の馬鹿力《ばかぢから》よろしく思いっきり手で押し上げたらハッチは意外なほど簡単に開いた。引っかかっていた何かがいつのまにかとれていたようだ。

日本郵船所属の4万トンもの巨大コンテナ船から救助用の小さなボートが降ろされ、そのオレンジ色のボートがゴンドラのすぐ近くまでやってきていた。先にゴンドラから顔を出した神田が、「おーい！」と叫ぶ。続いてぼくも顔を出すと、すぐ近くにボートが見えた。ボートといっても潜水艦のようなカプセル型をしており、頑丈そうな救助艇である。

ボートは接近してゴンドラのすぐ横までやってきて、白いヘルメットをつけた男が数人こちらを向いて何か口々に声を出している。「飛び込むの？」神田がボートの男たちに向かって日本語で叫ぶと、「Wait !」という声が聞こえた。英語だ。彼らは英語で話している。

「神田さん、待てって言ってますよ！」神田は今にも海へ飛び出さんばかりだった。ぼくはそれを押しとどめると彼らの次の指示を待った。

「Come !」

一人の男が叫んで、腕を差し伸べる。

「神田さん、行ってください！」

神田は簡単な英語もわからないので、ぼくはいちいち日本語で後ろから声を出した。手招きしている男たちのボートに神田が転がり込むようにして入ると、次はぼくの番だ。ゴンドラとボートはぴったりとくっついているものの、それは時化た海上のこと、いつ離れてしまうかわからない。ぼくは背中から転がるようにしてボートに収容された。

ボートの中にいた船員は全員オレンジ色のつなぎを着ていて、背中には〝PANAMA〟と書かれていた。ネイティブではないであろう拙い英語の会話が耳に入ってくる。さらに〝PANAMA〟の文字を目にして、ぼくは彼らがパナマ人だと思った。顔も中南米で見慣れた人々の顔によく似ている。

「Thank you !」

髭《ひげ》を生やした恰幅《かっぷく》のいい男に声をかけると、彼はにっこりとほほえむので、ぼくはもっと気の利いたことを話そうと、スペイン語で「ありがとう」と言おうとしたが、頭が混乱してなかなか言葉が出てこない。「グラシアス」というその一言が思い出せなかった。

ボートの中には7、8人の男が乗っていて、センテンスなしの単語による大声の会話でコミュニケーションしていた。ぼくたち二人を救助してくれたボートは急速にゴンドラを離れていく。パスポートや財布などを含めたすべての装備をゴンドラに残したまま収容され、すぐ直後にゴンドラはコンテナ船に回収されるものとばかり思っていた。

ぼくたちは後ろ髪をひかれる思いで今まで一緒に漂っていたゴンドラを見送り、あれがどうなってしまうのか船員に聞きたかったが、みんなそれどころではなく、一刻も早く母艦へ向かうことに手一杯のようだった。結局ボートはゴンドラへ戻ることはなく、母艦であるコンテナ船へ急ぎ足で向かっていく。人命優先でこれは当たり前なのだ、と自分に言い聞かせたが、失ったものは大きかった。

船員の一人がビニール袋を手放さない。どうも顔色が悪い男だなと思っていたら、彼はおもむろに袋へもどしはじめた。プロのクルーでさえこのような小さなボートで時化た海を行くと船酔いするのか、と見ていたら自分も気持ち悪くなってきた。漂流していたときに吐けるものは全部吐いたつもりだったが、なんだかまた気持ち悪くなって、ボートから顔を出して再び海へ吐いた。

出すものを出したあとは一層落ち着きを取り戻した。胸のあたりをまさぐると、ビデオカメラが入っているのに気づいた。そうだ、他には何ももって出なかったが、ビデオカメラとＥＬＴ（Emergency Locator Transmitter：救難信号を発する小型の機器）だけは腹に入れてもってきたのだ。それを思い出すとぼくは、救助艇の内部と外の暗い海をビデオカメラで撮影した。こんな経験は滅多にできるものではない。スチールカメラもない今、記録できる機材はこのビデオしかなく、摩耗する記憶に代わって、少しでもこの状況を映像に残しておきたいと思った。

黒い海を10分少々進むと、救助艇の側面に巨大な城壁のような壁が見えた。不気味に照らされた壁は、いつか映画で見た孤島の監獄のようにも思われた。それが母艦であるコンテナ船だったわけだが、ぼくが考えていた以上に大きく、威圧感がある。この船に、今乗っている小さなボートはどうやって乗り込もうというのか。コンテナ船の前で一時停止したボートは、何かを待っているようだった。すると、上から頑丈そうな鎖が2本降りてきた。クルーが何か大声で叫びながら会話し、降りてきた鎖をボートの中に引き込もうとしている。船尾にいた男が1本の鎖をつかみ、力任せに鎖を引っ張って、所定のリングに鎖をロックすると、ボートがよろっと傾いた。ぼくはクルーから、座席に固定されたシートベルトをつけるよう指示され、戸惑いながらベルトを腰にまわした。座席は水色の安っぽいペンキで塗られた堅い長いすで、一定間隔で腰にまわすシートベルトが付けられていたのだ。

上からやってきた2本の鎖は、船首と船尾に固定され、こするような金属音とともに、ボートは徐々に上へ持ち上げられていった。ボートは海上を離れて、闇のなかに浮かび、もうすぐ母艦のなかに収容されようとしている。揺れがおさまり、がくんという音と同時にボートが何か堅いものに着地した。救助作業はその瞬間終了し、ぼくたちは巨大コンテナ船に収容されたのだった。ボートから出ると、幾人かのクルーが出迎えてくれて、それぞれの男たちにぼくは「どうもありがとう」と英語で言った。その一人に先導されて、船内を歩く。エレベーターに乗って上へ向かい、最上階で降りるとそこは操舵室《そうだしつ》で、頭が禿《は》げ上がった貫禄《かんろく》のある紳士がぼくたちを迎えてくれた。彼は汚れたつなぎではなく、Yシャツにズボン、足元にはよく磨かれた黒い革靴を履いていた。どうやら彼がこの船のキャプテンのようだ。

着の身着のままのぼくたちはまだ分厚い羽毛服のつなぎを着たままで、靴も履いていなかった。足元は二重の靴下の上にテント内で履くためのダウンシューズを着用している。高度8000メートルの上空では寒くていられないので、靴を履かずにダウンシューズを履く。ダウンシューズとは、冬山などで野営する際にテント内で使用する羽毛が入ったふかふかのスリッパのことだ。海上に浮かぶゴンドラから脱出する際は、靴に履き替える暇さえなかった。

キャプテンにお礼を言うと、彼は「海上自衛隊の航空機と無線がつながっているから話すか？」と言い、ぼくたちに無線機を手渡した。聞こえてきたのは日本語なので、神田が応答すると、ゴンドラを上から照らしてくれていた航空機のパイロットの方だった。神田は少し興奮気味に会話し、ここでもまたお礼を言うと静かに無線を置いた。

「さて……」キャプテンはゆっくり口を開くと、「この船はロサンゼルスへ向かっている。着くのは10日後だが、君たちはどうする?」といたずらっぽく言った。ぼくと神田は顔を見合わせたが、言うまでもなく答えは一つである。「ロサンゼルスまで乗せていってください!」ここから北米へ向かう長い船旅がはじまることになった。

救助してくれたスターライト号は日本郵船の所属とはいえ、パナマ船籍で、クルーはインド人とフィリピン人だけだった。ぼくたちは本当に着の身着のままで拾われたので、現金・財布・パスポート・カード類・PC・カメラ3台・フィルム数十本・衛星電話2台などすべてゴンドラ内に置いてきて、それらは回収されることはなかった。

船での生活はシンプルなものだった。一日のある時間になると、時計の長針がツーという音を立てて一周する。その瞬間、短針が一目盛り動いて、当然だが時計は1時間進む。それが毎日繰り返される。

一日ごとに時計が1時間進んでいく世界というものが存在することをぼくは海の上で知った。1月28日未明に日本郵船所属のコンテナ船に拾われたぼくたち二人は、1週間以上かけてロサンゼルスへと向かっている。太平洋の上を東へ東へと移動する船の上では、進む時間を追いかけるようにして、毎日時計の針が1時間ずつ進むのだ。

乗組員は船長以下7人のインド人と13人のフィリピン人からなる。一人のインド人クルーの妻と子ども以外は、全員男性である。ぼくは船長から、クルーが使う船室の一つを割り当てられた。6畳ほどの部屋に簡素なベッドと机があり、奥にトイレとシャワーが付いている。歯ブラシと石鹸《せっけん》はクルーが持ってきてくれた。側壁に鋲《びょう》で留められた開閉のできない小窓がある。分厚いガラスを通して外に見えるのは、白波が立つ太平洋の海上だ。窓から海面を見ていると、視界に入る海の大きさが上下し、変化し続ける。船は左右に大きくローリングしているようだ。

船室の中に入り、横になって目を閉じると、徐々に落ち着きを取り戻してきた。自分の状況について頭がまわるようになり、今自分が安全な場所にいることに安堵する。死への恐怖は去ったのだ。

ぼくはまず、着ていた宇宙服のような羽毛服の上下を脱いだ。マイナス数十度になる上空ではこれを着ていても寒いくらいだったが、今いるのは海抜0メートルの海上である。身体が覚えてしまった〝寒い〟という感覚を捨て去るまでいくぶん時間がかかったが、部屋の中は、確かに平地とほぼ同じ気温で寒くない。肌着として着用していた長袖《ながそで》のアンダーウェアとタイツ姿になって、とりあえずシャワールームへと向かった。疲弊した身体と精神を癒《いや》すには、まず熱いシャワーを浴びることだろう。

熱いお湯が出るということに幸せを感じたのは一度ではない。極地や高所での野営生活から街にあるホテルへ戻り、蛇口をひねってシャワーを浴びる瞬間、ぼくは人のいる場所へ戻ってきたことを実感する。冷気にさらされた身体全体の血液がゆっくりとめぐりはじめ、すべてを洗い流していく。

ぼくはアンダーウェアを三重にして着ていたので、一番下の汗を吸い込んだシャツを脱ぎ、2番目に着ていたシャツを肌着にした。さっぱりした気持ちでベッドに座っていると、早速ドアをノックする音がした。髪を濡《ぬ》らしたままドアをあけると、フィリピン人のクルーが一人立っていた。両手にはなにやら細々としたものをたくさん抱えている。

「お腹《なか》は空いてないかい？」

「大丈夫、本当にどうもありがとう」

「これ、持ってきたんだ。使ってくれよ」

彼はよれよれの半袖シャツとTシャツ、サンダル、クッキーとインスタントラーメンなどを持ってきてくれた。ずっと裸足《はだし》で船内を動いていたので、特にサンダルを貸してもらえたのは嬉《うれ》しかった。

お礼を言うと、片言の英語による質問攻めにあった。「どうして気球が落ちたのか」「どこへ向かって飛んでいたのか」「職業は」「年齢は」「日本のどこから来たか」……、質問は途切れることがなかった。同じ顔ぶれのクルーによる長い航海中に現れたぼくたちのような闖入者《ちんにゆうしや》は格好の話題のタネとあって、何か一つ情報を仕入れると、瞬く間に若いクルー全員に広まっていった。そのおかげで、船内のどこで会っても彼らは笑顔でぼくたちに話しかけてきた。一緒に拾われた神田は年齢も上で、何より英語をまったく話さなかったので、クルーはことあるごとにぼくの部屋をノックするのだった。それは自分にとっても楽しい時間だった。

気球のゴンドラ内の生活に比べたら、船内の生活はおそろしいほど快適である。船のローリングで酔うかと思ったら、まったくそんなことはない。ゴンドラが海上にあったときに激しく揺られ過ぎて、コンテナ船のなかではまったく酔わなかった。最初は皆無だった食欲も日を追うごとに増してきて、食堂に行くのが楽しみになっていった。昔はこのスターライト号にも日本人のクルーが乗っていたそうで、そのときに覚えたという天ぷらやカツ丼《どん》や親子 丼《どんぶり》などの日本食を料理人が作ってくれることもあった。

コンテナ船のスピードは飛行機のように高速ではなく、ボートほど遅くない。一日ごとに子午線を越え、いつしか日付変更線を越えて、1週間ほど経てば、太平洋を横断しロサンゼルス港へ到着することになる。海を越えて大陸から大陸へと移動する手段が飛行機隆盛の現在にあって、昔の移民船「あるぜんちな丸」のように幾日もかけて船で北米を目指すのは、後にも先にも一度きりになるだろう。

ぼくは時間を見つけると外に出て、水平線を眺めていた。時々現れる鳥はカモメだろうか、海面すれすれを飛んで、獲物を見つけると素早く海に飛び込み、また空へ浮かび上がる。太平洋の真ん中で見る鳥の姿は、彼らがどこの島からやってきて、どこの島へ向かっていくのか、想像力を果てしなく喚起させた。水平線の先にある北米大陸は、いくら凝視しても見えなかった。ぼくはその先にある大陸の端をイメージしながら、四方八方から吹き付ける風に身を任せていた。

クルーとはすっかり仲良くなり、船内に備え付けられている古ぼけたカラオケセットの前で、とりとめもない話を遅くまで続けることもあった。彼らがもつ他人への心地よい接し方にシーマンシップのなんたるかを教えられ、使い込まれたつなぎを着て日々作業する後ろ姿に海で働く厳しさを知った。ロサンゼルスに着いた後も、彼らは、サンフランシスコ、シアトル、バンクーバーへと航海を続け、やがてまた太平洋を逆ルートで横断して日本に戻ってくる。大陸から大陸へと渡り歩く鳥たちと同じように、彼らの航海もまた長い旅路である。

パスポートなど身分を証明する一切のものをもたずに、ぼくたちはアメリカの港に到着した。入国できずに追い返されるのではないかと心配したが、ロサンゼルスの日本領事館の人が迎えにきてくれて、どうにか入国することはできた。アメリカの沿岸警備隊も入国審査官も穏やかな人ばかりで、一緒に記念写真におさまったりしながら、無事に陸にあがることができた。

そのままぼくたちは領事館へ行き、パスポートに代わる渡航証を発行してもらった。

そして、予約してもらったホテルへ向かった。シングルルームを二つとるのはお金の無駄なので、ツインの部屋を神田とシェアすることにした。

家族から送金してもらったなけなしのドル紙幣を持って、ぼくがまず最初に向かったのは、リトルトーキョーにある本屋だった。活字に飢えており、とにかく何でもいいから文字を読みたくて仕方なかった。

その日の夜は、地元の人に美味《おい》しくて安いステーキ屋さんの場所を教えてもらって、晩御飯を食べに行った。カロリーメイトとお湯という遠征メニューの呪縛《じゅばく》から逃れたい一心で、10ドルのニューヨークステーキを頼み、やたら固い肉をほおばって、巨大コーラを飲みながらアメリカにいることを実感した。陸地にいることをこれ以上幸せに感じたことはない。

翌朝、アメリカン航空の成田《なりた》行きの飛行機に乗るため、空港へ向かった。領事館の人にはタクシーで行くことを勧められたが、お金はないが時間はあるので、地下鉄とバスを乗り継いでぼくたちはのろのろと空港へ向かった。

予約したアメリカン航空機は、サンホセ経由で成田を目指した。西から東へ向かうジェット気流と反対の航路を飛行機は進むため、1万メートル近い高度になると、機体がよく揺れた。風を切り裂いて進む飛行機は、同じように空を飛ぶとはいえ、当然ながら気球とはまったく別の乗り物である。

眼下には、ぼくたちが長い航海をしてきた太平洋の海原が広がっている。さんざん苦しめられた高度1万メートルの雲の状態を凝視したが、あのなかを飛んでいたことが信じられなかった。窓の外を見ながら、ぼくはゴンドラの内と外で起こった出来事をずっと反芻《はんすう》していた。空から見下ろす自分の視線を思い浮かべ、8000メートルから海面へ向かう気球の動きを具体的に想像した。

すでに自分の中に高さへの意識はほとんどなく、薄い空気の中で太陽の光を浴びながら覚醒するといった不思議な感覚も失われている。死への恐怖なんて微塵もない。しかし、ひとつだけ身体感覚として思い出せるのは、今いるこの世界と自分との関係のことだ。ぼくのなかで何かがずれはじめている。空に存在する気流や、海をつなぐ潮の道のように、新しい世界へ向かう見えない流れがもしも自分の中にあるとしたら、ぼくはゴンドラの中でそれを見つけかけた気がするのだ。

自宅に帰りついたのは2004年2月6日の夜だった。船を降りてからしばらく経っていたのに、まだまだ地面は揺れ続けている。

第六章　単独行

2回目の太平洋横断遠征の構想は、2004年1月、最初の計画が失敗に終わった直後にはすでに神田のなかで具体的な色を帯びていた。太平洋上に着水した神田とぼくが命からがらパナマ船籍のコンテナ船に救出されて数日が経《た》ち、ようやく少し落ち着きを取りもどしはじめた頃《ころ》、殺風景な甲板の上で彼は唐突に切り出した。

「次はもっと大きな気球を作ろう。浮力を上げれば一気に雲の上に出られると思うんだ」

海上で地獄のような8時間を過ごしてからまだ数日しか経っていないというのに、神田はもう再挑戦について考えていた。たしかに前回の失敗の要因の一つはジェット気流に乗るまでに時間がかかりすぎたことである。球皮の容積を増やせば、浮力は増す。時間をかけずに雨雲を突破することができたら、北米大陸はより近づいてくるだろう。

コンテナ船の中でぼくらは時間をもてあましていた。とはいえ、パスポートやお金を含むすべての装備や道具をなくし、アメリカの出入国や日本への帰国など懸案事項も山積しているという状況である。少なくとも自分には次のことなど到底考えられなかった。しかし、彼は違った。

「次の気球の名前は、助けてくれたこの貨物船にちなんでスターライト号にしよう」

日本郵船が所有するパナマ船籍のこの船の名は、「STAR LIGHT」という。茫漠《ぼうばく》たる太平洋上を漂流するゴミのようなゴンドラを巨大なコンテナ船が発見するということがいかに奇跡的なことであるか、神田自身よくわかっていたし、通常の航路をはずれてまで救助にあたってくれたこの船には言い尽くせない感謝の念を抱いていたのだろう。救助されたこと自体がきわめて幸運なことであると同時に、当初の目的地だった北米大陸へ向かう船でもあったわけだから、それらにあやかる気持ちもあって、次の気球の名をスターライトとしたのかもしれない。いずれにしても、義理堅い彼が、命を助けてくれたこの船に並々ならぬ思い入れをもったのは間違いない。

甲板の上から見渡す太平洋は未《いま》だに荒れており、小さなゴンドラの中で波に翻弄《ほんろう》された苦しい夜のことが思い出された。今は燦々《さんさん》と太陽が降り注いでいる。潮風が絶えず髪を揺らし、時おりお互いの声が聞こえないほどの突風が通り過ぎていった。

ぼくはあのような手作り気球で再度遠征をおこなうのは難しいと考えていた。たとえ容積を大きくして浮力がアップしたとしても、万が一の備えが変わらなければリスクは減らない。死のリスクが減らなければ、ぼくは同乗しないだろう。神田はつぶやくようにぼくに語り続ける。

「ゴンドラは普通のバスケットに替えよう。今回のタンクじゃあ操作がしづらくてダメだ」

最初の太平洋横断遠征時に使用したゴンドラは、ビルの屋上などに備えられている円形の貯水タンクを改良したものだった。タンクの上にそえられたバーナーをタンク内で操作するために、バーナーのスイッチにロープを結わえ、それをタンク内で引っ張ればバーナーを焚《た》けるような仕組みになっていたのだが、いったんタンクの外に出なければ炎の加減を目で確認することができなかった。また、ゴンドラの外まわりには人間ほどの大きさのプロパンガスのシリンダーがいくつも装着されており、1本が空になるごとに高度8000メートル近い上空を飛ぶタンクの外に這《は》い出て、それを切り離し、さらに新しいシリンダーに付け替えねばならなかった。高所で慎重におこなわれる一連の作業は、生へ向かう気持ちを萎《な》えさせるほどの労力と精神力を必要とした。神田は一人で作業をこなしていて、そのたびに著しく体力を消耗していたことは明らかだった。

それらの反省をふまえて彼はゴンドラを貯水タンクではなく、普段使い慣れた籐《とう》のバスケットにしようといったのだ。小さなバスケットならばバーナーの使用もシリンダーの切り離しもすべてその場でおこなえるし、何より身の回りの全景を見ることができる。

２００７年に、ヘンプルマン・アダムズというイギリス人が籐のバスケットをつけたガス気球で大西洋横断に成功している。彼が何のために籐のバスケットを使用したのかはわからないが、〝普通のバスケットでも行ける〟ということを世に示したことは確かである。少なくとも籐のバスケットで大西洋横断をおこなったことは、巷《ちまた》の話題の一つにもなった。

しかし、ぼくにとってゴンドラをバスケットにするという選択はありえないものだった。安全性と利便性のどちらをとるかという究極の選択のなかで、神田は安全性を捨て、利便性をとりたいというのだ。リスクは減らないばかりか、増してしまうことにもなりかねない。神田はアダムズのように籐のバスケットで行けることを証明したいのではなく、他のゴンドラよりバスケットのほうがいいという積極的な理由で選んでいた。

だが、ちょっと考えてみればわかるだろう。籐で編まれたバスケットは、海に着水したらすぐに浸水する。また貯水タンクのようにプラスチックで覆われているわけではなく、搭乗者はむきだしの状態なので、８０００メートルの上空ではおそろしく寒い。

バスケットに関するこうした当たり前の疑問を神田にぶつけると、彼は自信をもって言い切った。

「タンクは緊急用に予備としてぶらさげていけばいい。着水したらそれに飛び移ればいいんだよ。寒さはがまんするしかない」

「飛び移ればいい」と、簡単にいうが、それができないことはぼくたち自身が一番よく知っているではないか。重いシリンダーをいくつも装着したバスケットが海に着水したら瞬時に沈み出す。そうした緊急時にロープでつながれた揺れるタンクに簡単に飛び移れるだろうか。あるいは上空からロープ伝いに乗り移るというサーカスのようなことができるだろうか。失敗に終わった遠征では、万が一のためにゴムボートを積んでいったが、海は荒れに荒れており、まるで飛び移れるような状況でなかった。穏やかな湖水に下りるのとはわけが違うのだ。

「バスケットからタンクに飛び移るなんて無理ですよ。もし海が荒れていて、今回のように夜間だったら、ますますそんなことは難しいんじゃないですか？」とぼくは率直に感じたことを言った。だが、彼は曖昧《あいまい》に返事をするだけで、こうした構想が現実的ではないとは微塵《みじん》も考えていなかったようだ。簡単に言えば、横断に成功して陸に降りることがまず大前提としてあり、そのためには肉を切らせて骨を断つことも必要である、というのが神田の考えだった。緊急用のタンクは実のところ緊急用などではなく、大陸に着いてから使う避難用のカプセル程度にしか彼は考えていなかったのかもしれない。

冒険はリスクをどんなに減らしていっても、最小限のリスクだけは最後まで払拭《ふっしょく》できない。だからこそ、その行為は冒険といわれる。運も実力も必要だけれど、実力さえあればほとんど乗り切れて、あとの数パーセントを運に賭《か》けるという冒険ならばくにも理解できるのだ。しかし、実力よりも運が試される比率のほうが多いのであれば、その遠征に参加すべきではないとぼくは考える。緊急時の安全性を捨てて、バーナーの使いやすさとシリンダー交換の利便性を優先するというやり方は、神田らしいといえば神田らしいのだが、ぼくは同意できなかった。彼の冒険に対する姿勢は、傍《はた》から見ると危なっかしいほどに攻撃的であるとともに感覚的で、だからこそ数々の優れた記録を残せたともいえるのだろうが、石橋を叩《たた》いて渡るという発想からはあまりにも遠く離れ過ぎていた。「楽観的」、少なくともぼくはそう感じずにはいられなかった。

着の身着のままで救出されたぼくたちは、船内に収容された後はやるべきことはほとんどなく、船内生活では有り余るほどの時間があった。神田は船上で過ごした日々のあいだに、再挑戦について具体的な構想を細かい部分まで練っており、すでにその骨格はできあがっていた。あのとき彼は2年後に再び遠征をおこなうと言っていたが、資金や計画の進捗《しんちょく》など諸々の事情から4年後である2008年に引きのばされることになる。実現までの道のりは若干のびたものの、スターライト号と命名された新気球とゴンドラは、救出された貨物船の中で彼が考えていたものが完全に具体化されたものである。

神田は目標を立てたらそれに向かって脇目《わきめ》もふらずに突進するタイプで、外から見ると自分が立てた目標を達成するために焦っているようにも感じられる。しかし、「傍から見ると強引とも見られるけど、あれが神田のペース」と竹澤が言うように、神田は神田なりにここまでやってきたということだろう。ただ、一つだけ彼にとって想定外なことがあるとすれば、搭乗者が神田一人だけになったということだ。ぼくは再度の同乗を断ってしまった。その選択がよかったのか今でも時おり考えることがある。

2007年春、ぼくは突然神田から電話をもらった。

「もし時間があったら久々に会わない？　次の太平洋横断のことも話したいし」

2回目の太平洋横断に同乗する誘いだなとすぐにわかった。断ることは決めていたが、ぼくは久しく神田に会っていなかったこともあったし、次の計画がどの程度まで進んでいるかも知りたかったので、とりあえず会ってみることにした。場所は上野《うえの》、大学院の授業を終えた帰りにぼくは上野駅の中央改札で神田を待った。

青山ではじめて会ったときよりもラフな格好で神田が現れた。以前いた役場の内勤と違って、今は給食センターの所長だからネクタイも必要ないのだろう。開襟《かいきん》シャツにVネックのセーターを着て、ベージュの薄手のジャンパーを羽織っていた。こんな人混《ひとご》みの中で会うことなど今まで滅多になかったので、なんとなく違和感がある。

「酒が飲めるところにしよう」と言って、神田は笑った。神田と行くなら居酒屋しかない。ぼくたちは駅を出てすぐの雑居ビルに入っている居酒屋へ向かった。実は神田と二人きりで飲んだことは今まで一度もなかったかもしれない。遠征の打ち合わせはいつも渡良瀬のクラブハウスや埼玉の神田家だったし、ゴンドラの中でも船の中でも嫌というほど二人で一緒にいたが、リラックスした雰囲気のなか、しかも街の居酒屋へ一緒に行ったことなど今までなかったのだ。

店内はわめく酔っぱらいばかりで、うるさかった。神田はいきなり熱燗《あつかん》を注文すると幸せそうにコップを眺めて「乾杯しよう」と言う。ぼくはビールを注文して、スローペースで飲み始めたのだが、神田のペースは速かった。神田は遠征に関《かか》わる雑事以外のことで仕事帰りに東京まで出てくることなどほとんどなかったし、ましてや居酒屋で飲むことなども皆無だったので、嬉《うれ》しかったのかもしれない。

最近どこそこに行っていたとかそういう類《たぐい》の話をした後に、新しいパートナーとして同乗するはずだった自転車冒険家の安東浩正さんが、テストフライトの失敗後に計画からおりたことを聞いた。安東がなぜおりたのか、その意見の食い違いなどについて神田は話してくれた。安東は竹澤のような「お友達タイプ」ではない。また、アメリカで小型飛行機の訓練を受けていたから、ぼくのように空に無知でもなかった。厳冬期のシベリアを自転車で横断した経験をもつ安東は、安東なりに多くの厳しい遠征をこなしてきており、計画に対する自分なりの考えがあった。気球の設計、装備などいくつもの部分で神田と衝突し、結局、副操縦士として乗ることを辞退してしまったのだ。

多少語気を強めてそのことを話した神田に、ぼくは尋ねた。

「それで次のパートナーは見つかったんですか?」

彼は首を横に振る。この時期、神田は探検部に所属した経験がある新聞記者や英語が堪能《たんのう》な女性パイロットなど複数の人に声をかけていた。しかし、誰《だれ》も参加を了解した者はいなかった。ぼくは、神田にどうして今回乗らないのかという理由を繰り返して説明した。最大の理由は、籐のバスケットで行くことの危険性である。籐のバスケットで飛んだ場合、海に着水したらまず助からないとぼくは考えていた。上空で、あるいは海上で避難用タンクに乗り移ることなど不可能だ、と。すでにこのことに関してぼくは何度か神田に話しており、神田はそれに反論して大丈夫であると言い切っていたために、また同じことを話したりはしなかった。やっぱりそうか、といったような雰囲気で、神田はパートナーの話をそこでやめてしまった。

少し気まずい雰囲気になりながら、自動操縦装置を使った単独行の可能性などを二人で話し、その晩の話し合いは終わったのだった。ぼくは真っ赤な顔をした神田が切符を買うのを確認し、JRの上野駅改札から人混みの中に消えていくのを見送った。地下鉄のホームへ向かいながら、神田の顔を思い出しつつ自分が乗れる可能性についてあらためて考えたのだが、やはり恐怖のほうが先に立ってしまう。もしあの海上に再び着水してしまったら、と考えるとどうしても「やります」とは言えないのだった。一度染みついた怯《おび》えはなかなか払拭できない。暗黒の海は、今もぼくのなかでおそろしい相貌《そうぼう》を崩していない。

神田はその後、自動操縦装置を導入し、今回の太平洋横断を単独でおこなうことを決心した。彼らしい決断だったと思うが、ぼくにはなんだか自分を追い詰めているようにも感じられた。神田は一度やるといったら一人でも必ず実行する。リスクを意に介さないそうした果敢な姿勢こそ、神田を冒険家たらしめている一つの資質でもあるとぼくは思う。

栃木県栃木市岩出町129番地、栃木県立栃木工業高等学校のグラウンドに赤と黒のツートンカラーの気球、スターライト号が立ち上がったのは、2008年1月31日の未明のことである。球皮の赤と黒は、貨物船「STAR LIGHT」の船体の色であり、濃色にすることによって昼間の太陽熱の吸収を効率よくおこないたいという神田の意思に基づいて設計されている。高さ50メートル、最大直径45メートルという特大気球は自作気球としては世界最大で、100人以上の人間を乗せられるキャパシティーをもっている。

4年前の出発地は近くの河川敷だったが、地面がぬかるんでいたりして準備に手間取ったために、高校のグラウンドを借りることになったらしい。前回と比べると、手伝う人の数は目に見えて減ってしまっていた。

神田は仲間たちから「みっちゃん」と呼ばれて親しまれている。多少強引でも、神田が積極的に音頭をとっていたからこそ、さまざまな分野から仲間が集まってきたのだ。関係者のなかには「本当はみんななかなかまとまらないのに、みっちゃんがいたからこんな風に集まれるんだよなあ」と言う人もいる。ただ、最近になって神田の突っ走り具合にまわりの仲間が少しだけ気後れしている雰囲気があった。一つの理由として、昔以上に現在の神田の計画の中に外部の人間がほとんど立ち入れないということがある。もちろん、仲間たちは神田から何か頼まれれば断ることはしない。できる範囲でいくらでも協力を惜しまない。しかし、全体的なプランニングという点では、神田の気の強さもあって関わらないというか、関われなかったのだ。逆に中途半端に入り込んでしまうと、大変だという思いが外野にはあった。外国の遠征隊に比べて、神田の遠征をサポートする体制が完璧《かんぺき》だと言い切れないのは、そういった部分も関係してくるだろう。

長年つきあってきた市吉はいう。

「計画に関わっていないからといって、やっぱり知らないふりはできないし、彼の出発を見届けないっていうのもできないよね。彼のほうから〝これとこれがあるんだけど、どっちのほうがいい？〟って聞かれたら、僕はアドバイスするし、〝こういう機材が欲しい〟と言われればなんとかする。でも、他人の意見を聞いて〝そうかなぁ、じゃあそうしようかな〟という発想の転換をそんなにしない人なんだよね、彼は」

神田は他人の意見にあまり耳を貸さないと同時に、一度「やる」といったことに関して、やめたことがない。やると決めたら何年かかっても絶対にやり抜く。状況が変わったからやめるということもないし、手をつけた目標に関しては何度失敗しても今まで必ず達成させてきた。

離陸前のグラウンドには、何人もの仲間とともに大きな気球と一人の冒険家を見守る市吉と竹澤の姿があった。クラブハウスを貸していた笠原の姿もある。相変わらずテレビ局、新聞記者など多数の報道陣も集まっている。離陸を手伝う仲間の数よりも、むしろマスコミのほうが多いくらいだった。

　神田は目標の達成に一途《いちず》で、他のことに関してはなんでもいいというタイプの人である。神田が新聞などに載ることに積極的なのは、記事になれば仕事を休みやすいとかその程度の理由だった。新聞記事などの形でまわりにいる人たちに自分の立場を公にしていけば、いろいろな意味で動きやすくなる。それによってスポンサーを見つけたいとか、自分の実績を売りたいとかそういう野心は彼からは一切感じられなかった。とにかく目標とするフライトが成り立てばいい、という神田の考え方は非常にシンプルで、ぼくはそうした神田のアマチュア精神に惹《ひ》かれていた部分もある。

　マスコミに応対する彼の身体《からだ》は以前よりも引き締まっているようにも見えた。彼はこの離陸にいたるまで、体力作りのために毎日黙々と走り込みを続けてきたのだ。しかし、そのやり方が常軌を逸している。自宅から役場まで普段は車で行くところを、行きも帰りも走るということまではいいのだが、彼はそれを裸足《はだし》でおこなっていた。朝の通勤時はさすがに靴を履いていたようだが、役場の仕事を定時である5時半頃に終えると、おもむろに靴と靴下を脱いでカバンにいれ、車も通る道路を裸足で走って帰るのだ。神田に言わせると「足の裏が刺激されていい」ということらしいが、何も知らない人がその姿を見たらぎょっとするだろう。

離陸前の数ヵ月は日も短くなり、神田が家に帰ってくるときにはすでにあたりは暗くなっていた。裸足で家に着いた神田は、まず風呂《ふろ》に入り、風呂上がりに日本酒を1杯飲んでから夕食を食べ、午後8時か9時にはもう寝てしまう。そして、家族が寝静まった頃に起き出して、出発に関する書類の山を片づけるべく机に向かうという日々を繰り返していた。

「主催者名は神田道夫個人です、責任者も神田道夫です」

それは神田が前回の太平洋横断から常に口にしていたセリフである。今回もマスコミに向かって彼はそう公言してはばからない。彼は万が一のときに、他の誰かに降りかかるかもしれない痛みや苦しみを極限までやわらげようと努力することを怠らなかった。

今回の飛行本部は神田の自宅である。イギリス人の友人も泊まり込みで気象情報の解析など諸々の準備を手伝ってくれていた。また、アメリカのオレゴンでは気球が北米のどこに着陸しても迎えにいけるように知人が待機していた。英語の苦手な神田だが、友人らの協力を得て海外とのやりとりも綿密におこなっている。神田は本番を前に着々とやるべきことをこなしていった。

親しい気球関係者とともに飛行本部を取り仕切っていたのは家族や親戚《しんせき》たちだった。神田は出発前後の数日間、彼らはほとんど睡眠もとらずに神田をサポートし続けた。神田は母と妻、長男との4人暮らしをしている。神田にはすでに嫁いだ双子の娘がいて、出発時には父を心配して孫と一緒に実家に帰ってきていた。

　神田は離陸日前日の午前中に、一人で家を出た。見送ったのは、手伝いにきていた親戚や知人たちと妻の美智子さんである。神田より3歳年下の妻、美智子は肝っ玉母さんを地で行く女性で、神田がやることについては一切口を出さない。というか、神田のほうが「言い出したら聞かない」という。マスコミの前にはまったく顔を出さない美智子だが、以前、神田が長距離飛行の世界記録をたたき出した後、新聞記者の「心配ではなかったか」という質問に答えてこんなことを言っている。

「そりゃあもう何度もやめてほしいと思ったんですけど、好きでやっていることだし。理解なんてしてないですよ。言っても聞く人じゃないし、自分の夢に向かってどこにでも行っちゃう人ですから」

「帰ってきてからが楽しみですか」という記者の問いには「夢は忘れないんですが、家族サービスは忘れた頃にしかやってくれないですから、期待しないで待ってます」と答えている。これはもう今から15年も前の発言だが、２００8年の遠征後にぼくが話をうかがったときもほとんど同じことを話していた。

「気をつけて行ってらっしゃいと言って送り出しました。何もなければいいな、という思いで……。お父さんのことをあんまり知らない人はね、〝穏やかな優しい人だよね、旦那《だんな》さんは〃っていうんですよ。でも私はね、〃そう？　違うんだよ。言い出したら聞かないんだよ〃って」

　美智子と神田の出会いは職場だった。今も川島町の役場に勤める彼女は神田と同じ公務員である。美智子は神田との出会いと結婚にいたるまでをこう振り返る。

「私ね、変な話ですけど、そんなに恋っていう感じじゃなかったんです。おつきあいしていて〃もう一日でも声を聞いてないと駄目だわ〃っていう感じでは全然なかった。私が仕事をしはじめた19歳の頃に出会って、何となくかれこれ4年くらいかな。まだ私も友達とどっかに買い物に行ったりするのも楽しかったし、細く細くつきあっていくなかで、お勤めも一緒の所ですし、〃そろそろあれかな〃っていうのね。〃ま、そうだね〃って感じで一緒になって、ズルズルズルッと……」

　当時、神田はまだ気球をはじめていなかったし、結婚すると同時に川下りをやめていたこともあって、出会った頃の神田は美智子の前で冒険好きというそぶりをまったく見せなかった。

「私もね、人のことをそんなに深く深くっていうタイプじゃなかったんです。川下りのことも知らなかった。ただ、一緒にドライブとかには行きましたよ。近くでうろうろというよりは、大体遠いところでしたね。水戸《みと》の偕楽園《かいらくえん》へ梅を観《み》に行ったりね」

　二人は4年間の交際を経て、１９７６年（昭和51年）に結婚する。美智子のお腹《なか》に息子が宿った頃、神田はテレビ番組で気球が飛ぶ姿を見てしまい、はじめて空の世界を知って、その後は次々と遠征に繰り出していくことになる。そんな神田を横目に美智子は常に子どもと一緒に家庭を守ってきた。彼女は気球に一度も乗ったことがない。高いところが嫌いで、例えば「テラスに行って下を見ると綺麗《きれい》だよって言われても〝私、この辺でいい〟というタイプ」だったという。また、神田自身、息子や娘を気球に連れていくこともなかったし、家で気球の話はほとんどしなかった。1回目の太平洋横断に失敗してロサンゼルスから帰国したときも、「船の中でのメシがうまかった」くらいしか美智子は聞いていない。神田にとって、気球は家族で楽しむ趣味のようにはなりえなかったようだ。そして、気球仲間のあいだでは「気配りの神田」として有名な彼も、家では完全な亭主関白だったという。

「もう、うちでは殿ですからね。お父さんが〝白〟って言えば、白。〝黒〟って言えば、黒。もう……。だから他の人がね〝旦那さん、優しそうだよね、穏やかそうだよねえ〟って言うんですけど、私からしたら全然（笑）。典型的なAB型です。外ではA型、家ではB型。コロッと変わりますから」

まだ神田が気球をはじめた頃、川島町の自宅から、神田が乗る気球を見つけて、美智子は子どもと一緒に手を振ったことがあった。

「最初はこのあたりで飛んでいたんです。近くの仲間とやりだしたときはね、朝の早いうちに家の上を通ったんですよ。子どもたちがまだ小っちゃいうち。2歳か3歳で。向こうでゴーッって音がしたから、〝あー、お父さんだ〟って。〝おーい！〟とか上空で話してる声も聞こえたの。何を話してるかはよくわからないけど、下まで男の人の声が聞こえるんですよ。で、ゴーッっていうから、〝あ、来た！〟っていうんでね、〝おーい！〟とか言ってたんです。でもね、そのうち何度も上空を通るようになってからは、〝好きだなあ、まったく。またやってるよ〟って（笑）」

美智子は楽しそうに話しながら、最後に「あの頃はまだよかったんですけどね」と言って、表情を硬くした。神田が普通のフライトに飽き足らなくなったのは、富士山越えに成功してからだった。

「最後のほうはどんどん、どんどん入っていっちゃいましたけど。昔みたいにずっと同じようにやってくれてればね……」

美智子は、神田が遠征を計画するたびにいつも万が一のことを考え続けてきた。特に今回の太平洋横断遠征前には、神田に気を遣いながら、その先のことを心配していた。

「〝帰ってこられなかったらどうするの？〟って、そういう風に言われたら本人も嫌でしょ？　〝死ぬって、俺《おれ》がそうなると思ってるのか！〟って言われちゃうといけないし、お父さん自身はそんなことはないんだ、と思ってやっていますから。〝お父さんね、前もね、長い間船で行っちゃったでしょ？（注：第1回目の太平洋横断で貨物船に助けられたこと）ああいうこともあるんだから、そういうときにね、私も何かあったら困るから、いろんなことをわかるようにしといてね〝って。この場所に通帳があって、これがいくら残ってて、何かあったらこの人に言ってくれとか、全部聞きました。仕事を辞めていくわけでもないし、やっぱりいろいろな方に迷惑をかけますから……」

美智子は神田の「プラス思考」の余波を一番身近で受けてきた。

「お父さんは〝これが駄目だったら、あれ〟とかそういう風に慎重にやるほうではなかった。〝どうにかなる〟、〝絶対大丈夫〟っていう感じですよね。私なんかは〝これがなくなったらどうするんだろう〟とか、〝こうなったらどうなるのかな〟とか考えるんです。お父さんからは〝だからお母さんみたいなマイナス思考は駄目なんだ〟って言われて。〝プラス思考でやらないと駄目なんだ〟って言われます。〝こういうときはどうするの？　っていうのをいちいち考えてたら何もできない〟って。でも私はマイナスでもないんです、ただ現実的なだけなんですけどね」

このあと美智子は話の中で「私は現実」「現実的」という言葉を4度使った。美智子が最後に言った言葉が今も頭から離れない。

「だからね、気球っていうのがあるでしょ。大体、普通の人から見たら夢のものなんですよ。〝わぁ、すごいな！〟って……。でも私、夢なくなっちゃうんですよね。私はね、現実ですよ。残されちゃうんですから」

神田の家で打ち合わせをすると、美智子は最初にいろいろ気を遣ってお菓子や飲み物を出してくれるのだが、いつのまにか奥に行ってしまう。ぼくが神田家を訪ねるときも、必ずにっこり笑って家に招き入れてくれるのだが、いつのまにか姿を消してしまうのだ。妻である美智子をはじめ、家族や親族は富士山越え以降、神田の離陸を一度も見送りにいくことはなかった。ただ、息子と同い年ということもあるのか、美智子はぼくが一人で訪ねたときにはいつも優しくしてくれた。

グラウンドで神田が動けばそのあとをマスコミが追い、闇《やみ》のなかに白い息がたくさん見えた。神田はいつも大声であらゆる指示をしてしまうので、それを抑えるためにも自ら口にマスクをして身体をいたわっていた。気温は摂氏2、3度だろうか。本当に寒い夜だった。

今回、神田は直前の仮眠をほとんどとらなかった。前回は近隣のお宅にお邪魔して、数時間の仮眠をとったのだが、現場に神田がいなければ、セッティングが進まないということもあり、近所のそば屋で短時間横になっただけですぐに離陸地へと向かった。この選択が今回の遠征の可否に大きな影響をおよぼしたとは思えないが、影響がまったくなかったということはないだろう。うまくいけば60時間で北米大陸に到着するわけだが、飛行中は眠れない。今回は竹澤もいなければ、ぼくも乗っていないのだ。搭乗者が二人なら万が一居眠りをしてもフォローできるが、単独飛行では居眠りすら許されないからだ。

人間の生理現象でもある睡眠は、不意に訪れる。「不眠」は古来より拷問に使われてきたことからもわかるように、人間の理性を奪ってしまう厄介な代物である。眠っていない身体に疲労が蓄積し、それが極限に達したとき、人は朦朧《もうろう》として意識を失う。眠りを強制的に奪われた者は精神に異常をきたしさえする。どんなに神田が強靭《きょうじん》な意志をもっていても、眠りという魔物は思いもかけない瞬間に突然襲いかかってくるだろう。

だからこそ、今回の遠征で彼ははじめてオートパイロットという装置を導入した。これは、ある一定の高さになると、文字通りバーナーを自動で操作し、高度を保ってくれる装置のことである。この装置が正確に、しかも効率的に機能すれば、彼は上空で仮眠をとることも可能になる。

神田は市吉とともにオートパイロットを買うために、アメリカのニュージャージーへ行き、そこで実際に開発者とともにテストフライトもしてきた。この機器は、スティーブ・フォセットの世界一周、ケビン・ウリアシの世界一周チャレンジなどでも使用され、熱気球、ロジェ気球で多くの実績がある。

ただし、神田は四つあるバーナーのうち、二つのバーナーにオートパイロットを装着できるにもかかわらず、たった一つにしか取り付けなかった。つまり、オートパイロットによって、二つのバーナーを同時に焚くことができたのに、一つのバーナーだけを焚くように彼がセッティングしたということだ。さらに、今回神田が使用した中古のバーナーはこのクラスの気球で使うには、誰が見ても貧弱なものである。だとすれば普通に考えると、なおさら二つ同時に焚いたほうが効果的だろう。神田がどういう判断で結局一つだけにしたのか、それは誰にもわからない。

これだけの重さの気球の高度を維持するにあたって、たった一つのバーナーを焚いたところで、当初の目的通りうまく機能するかどうかは甚だ疑問である。それではオートパイロットの意味がなくなり、神田自身も常に操縦していないと高度を維持することなど、とてもできなかったはずだ。

竹澤は神田の性格からオートパイロットを使用しなかった可能性を指摘する。

「俺はオートパイロットを神田さんが使っていたとは思えない。はっきり言って神田さんはメカ嫌いで、メカに弱いし、そんなに真剣に練習もしていなかった。一晩くらいだったら自分で解決して済むんだよ。たぶん神田さん的には、もうちょっと余裕が出てから使おうと思ったんじゃないか。それに最初は高度を上げるのに精一杯だから、そんなのを動かしている暇もない。オートパイロットで四つのバーナー全部が焚けるわけではないし、バーナー自体がしょぼいっていうのもあって、高度を保つのはつらかったと思うよ。もし球皮が重くなっていたら、1個バーナー焚いたくらいじゃ落ちていくしさ」

しかも、オートパイロットはあらかじめある高度をセッティングし、その高度に達したときに動きはじめる。今回はじめにセッティングされた高度は8000メートルだった。しかし、GPSによる本部の追跡によって、今回の遠征中は飛行高度が一度も8000メートルに達していないことがわかっている。神田自身との衛星電話によるやりとりでも、およそ6000メートルにいるという報告はあったが、それが最高高度で、そこより上にはあがっていないのだ。

神田はオートパイロットの設定高度を、上空で果たして設定し直していたのだろうか。どの時点から彼がオートパイロットを使ったのか、あるいは一切使わなかったのか、それは今もってわかっていない。

つまり、今回の遠征でせっかく装着したオートパイロットはほとんど機能していないに等しい。元々神田自身も出発前にできるだけ自分で操縦して行くつもりであることは関係者に公言していることからも察せられるように、彼はオートパイロットに頼りっきりという姿勢ではなかった。いずれにせよ、神田は出発から一度も眠っていない。自分の力で風をつかみ続けるために眠れなかったのだ。

気球の仲間たちがセッティングを手伝い、出発の準備は徐々に整いつつあった。ゴンドラの中を覗《のぞ》き込むと、魚屋で見かける白い発泡スチロールが4段に重ねられていた。前回は軽自動車のシートを座席として利用したが、今回は軽量化のために発泡スチロールの上に座るようだ。トイレ用のバケツや瓶も置かれている。ゴンドラ内の準備は万端だが、いくつもの機器の再確認や細かな微調整はなかなか終わらない。成田空港の管制との約束もあり、夜明けまでには離陸しなければならないのに、時間は刻一刻と過ぎ去っていった。巨大な気球は微風にあおられて、ゆっくりと左右に動いている。

見ていて気にかかったのは、気球を立ち上げてバーナーを焚き続けるあいだに、二重構造になった球皮の内側のアルミがぼろぼろと剝《は》がれてきたことだ。特に大きなパネルが一つべろりと落ちてきたときには、前回の悪夢がよみがえり、正直このまま出発して大丈夫だろうかと改めて不安になった。出発前ではなく、出発後に上空でアルミが火の玉となってゴンドラに落ちてきた前回の恐怖をぼくはまざまざと思い出していた。

神田の自作気球を、あらゆる気球に触れてきた市吉はどう見ているのだろう。

「まぁ、出来は悪いし、ミシンもそんなに丁寧じゃないけど、それが原因で失敗するっていうほどではないんじゃないかな」

出来が悪いというのはどの部分のことを指しているのだろうか。

「まず内球皮、つまり内側のアルミ部分の縫い方が綺麗じゃない。二重構造の球皮を作るときは、外側よりも内側が難しいんだ。素材的にもあれでよかったのかどうかぼくにはわからない。でも既製品の二重構造の球皮だって何度も飛んでいれば破けてきちゃうからね。内側に球皮を付けた既製品の気球で記録に挑戦して、その後、普段でも使いたいからといって内側の球皮を破いて捨てちゃった人もいるよ。内側の球皮はまあ、付録みたいなものだからね」

内側のアルミがたとえぼろぼろに破けていたとしても、だからといって失敗を確実に誘うということはない、と市吉は言う。二重構造というのは、外側と内側の球皮のあいだに空気の層を作って、球皮内の温度を維持する役目を果たす。例えば、分厚いダウンジャケットを着ると暖かいのは、羽毛がふくらんで外気と身体のあいだに空気の層を作るからだ。登山家が重ね着をして体温調節をはかるのも、いくつかの空気の層を作ってそれを自らコントロールするためである。

最も優れた保温剤とは空気なのだ。それも、動かない空気でなければ意味がない。空気が流れたら保温にはならないが、流れない空気の層さえあれば、温度は維持される。つまり、そうした空気の層がなくなったら寒くなるかもしれないが、なんとか耐えることはできる。神田の気球もアルミが破れたことで熱効率は悪くなったが、それで飛べなくなるようなことはなかったはずだ。

空気の層さえ作れたら、素材は軽ければ軽いほうがいいに決まっている。しかし薄い素材を選べば、耐久性が劣るのは必至である。ましてや気球はテストやら訓練やらで少なくとも何回かは広げたり畳んだりを繰り返さなくてはいけない。そんなことをしていれば、破れるのはもはや仕方がないのだろう。

また、アルミが破れるもう一つの原因として、外側の球皮の伸びも考えられる。あれだけの荷物を積んだ巨大気球だから、ナイロンでできた外側の球皮は実際の面積よりも若干伸びてしまうことは計算できたはずだ。一方でアルミ素材はナイロンと違って伸び縮みしないために、もしほとんど同じ寸法で外側と内側を作っていたとしたら、本番で裂けまくることは容易に想像がつく。神田が伸びを計算してアルミを貼《は》っていたとしても、その計算を超えてナイロンが伸びたということだって十分にありうる。球皮の伸びにアルミが負けていたのだ。

もちろん内側のアルミ素材を今回よりも丈夫なものにすることは可能だが、二重球皮を使用する目的のほとんどは記録への挑戦である。何度も飛ぶための気球ではなく、たった一度きりの挑戦に向けた気球は、軽さが重視されて耐久性はほとんど無視される。だから欠陥があっても仕方ないのだ。元々内側の球皮は全部剝がれ落ちたところで、飛行するだけなら影響はない。

神田自身は、滞空時間の記録を作ったときの驚異的な燃費効率の印象から今回も二重構造をとりいれたと思うが、たとえそれが剝がれてなくなっても大勢に影響はないと判断したのだろう。

滞空時間への挑戦で同じく二重構造の球皮を体験している竹澤も、破れたアルミに関しては心配していない。

「あんなのが剝がれ落ちてきても全然大丈夫だと思うよ。結局アルミの分、重くなってもいるわけだし。しかもあれだけ大きい気球を作っちゃったから、すべてがうまくいっていれば球皮内温度はかなり低くても大丈夫。球皮内温度が40度とか、それぐらいでも飛べる気球なんだよ。それなのにさらに二重にしたら、もし結露とかで表面に水がついても気球の熱気で乾かせないでしょ?」

神田は出発前に破れたアルミをテープで補修していたが、内側の球皮が「付録」程度のものだとすれば、そうした応急処置でもまあよかったのかもしれない。

すべての荷物をゴンドラの中に運び込むと、神田はエベレスト越えへの挑戦からずっと愛用している黄色とピンクの羽毛服の上下をようやく着込んだ。表情は厳しかったが、これは本番前の神田のいつもの表情である。普段は給食センターの所長であり、うだつの上がらない酒好きのおじさんだが、気球に乗り込む直前に彼は威厳を備えた冒険者へと変貌《へんぼう》する。恍惚《こうこつ》と不安がまじりあった相貌は、輝かしいとさえ思った。

ぼくは4年前のあわただしい出発の様子を思い出しながら、神田が籐のバスケットに入っていくのを見守った。カメラのストロボが一斉にたかれ、皆が声をかける。神田は手を振ると、バーナーを一気に焚いた。球皮内の温度を上げすぎないように何度か休みながらも、炎が轟音《ごうおん》を立てながら空気を暖めていく。

「お世話になりました。行ってきます」

神田はマスクを外してそう声をあげると、もう振り返ることはなかった。それが神田の最後の一言だった。気球の離陸は決して劇的ではない。ゆっくりと音を立てずにスターライト号はそろりそろりと地面を離れて浮かび上がっていく。

ゴンドラの底が見えたとき、神田の姿はぼくらがどんなに見上げても、もう見えなかった。彼は垂直に空へのぼり続けるためにひたすらバーナーを握り、ゴンドラの中で周囲の電線に注意を払いながら、上空と街の明かりに目をやっていたに違いない。

２００８年1月31日午前5時18分、彼は薄明の空の彼方《かなた》へと飛行を開始した。

ここから先の出来事は神田以外、誰にもわからない。残されたGPSによる飛行ログ（記録）を参照しながら、神田の足取りを可能な限りたどっていこう。

1月31日（木）
12：00、高度6685メートル、時速180キロ、進行方向78、
北緯37・09、東経151・40

最低でも時速150キロ出ていれば、60時間でアメリカ大陸に到着する。高度は8000メートルに達していないが、時速は180キロ出ているし、出発直後は順調だった。このとき関係者に不安はまったくなかった。前回の太平洋横断では離陸直後が青息吐息のスピードだったのに比べて、今回はスピードもそこそこ出ている。これで何もなければいけるかもしれないというのが、仲間たちの一致した感想だった。それだけに、その後の急激な変化に驚かされることになる。このとき、神田は日本の東の沖合1000キロのところにいた。

22：30、高度5100メートル、時速170キロ、進行方向84、
北緯43・31、東経173・27

24・00、高度5500メートル、時速187キロ、進行方向85、
北緯43・62、東経176・58

前回の飛行時間を超え、「東北東に向けて順調にフライト中」との衛星電話もあり、このあたりでもそんなに不安要素はなかった。しかし、高度が徐々に下がってきていることがわかる。「メキシコ方向に流されているために高度を下げた」と言っていたらしいが、メキシコ方向に強く流されているようには思えない。このあたりの判断は少し不思議である。

2月1日（金）
03・00、高度5300メートル、時速136キロ、進行方向70、
北緯44・30、西経177・05

これが最後の報告だった。
「雨が降っています。アメリカの領海に入った。これから上昇し、飛べるところまで行く」と神田が言い、本部はこのときは「次は4時に連絡してください」と神田に伝えている。衛星電話とのやりとりは雑音が多く神田の声は非常に聞きとりにくかっ

たらしい。神田は最後に「わかりました」と応じ、これ以降、通信が途絶えることになった。この最後の言葉は今もって多くの疑問を含んでいる。最大の謎《なぞ》は、高度5300メートルではまず雨が降ることなど考えられないということだ。彼は幻覚を見ていたのか、それとも高度計を見誤ったのか、あるいは通信中に急激に気球が落下していたのかもしれない。いずれにせよ、この「雨」が遠征失敗の原因を握っていることは間違いない。

また、「飛べるところまで行く」という発言には、今までにない神田の悲壮な決意が滲《にじ》み出ている。冒険家の植村直己は、厳冬期のマッキンリーで行方不明になる直前、日記の最後に殴り書きでこう記していた。

「何が何でもマッキンリー登るぞ」

神田の最後の言葉を聞いたとき、ぼくはすぐにこの植村の日記を思い出した。冒険家が強い決意表明をするときは、きまって窮地に追い込まれたときである。「飛べるところまで行く」と言い放った神田は、すでにそのとき自分に勝算がないことを悟ったのだろうか。

神田の足跡をたどるために必要な上空からの肉声はあまりにも少ない。神田は空の上でどんな状況に置かれても、地上にいる誰もが助けに行けないことをよく知っている。飛んでいるのは自分一人だけで、今さら泣きごとを言ってもはじまらないといった神田の気持ちを、ぼくは実感として少しはわかっているつもりだ。神田は一回自分で線を引いてしまったら、振り返らずにそのまま全速力で走り続ける。こちらから根掘り葉掘り状況を聞かなければ、神田の性格からして、窮地に陥っても自分からは何も言ってこないだろう。

　決して投げやりな態度というわけではない。人並み以上に〝これは死ぬかもしれない〟という瞬間を彼はくぐり抜けてきており、それはある程度の生への執着がなければできないからだ。神田なりの勝算はあってやっているのは間違いないし、当然、死んでもいいなどと思って飛んではいないだろうが、しかし桁違《けたちが》いにしぶとく生きてやるという強い意志があったかどうかはぼくにはわからない。前回の太平洋横断で着水した際、自分からＥＬＴのスイッチを入れようとしなかった神田の姿がぼくには焼き付いて離れないのだ。神田との連絡が途切れたという報告を聞いたとき、すぐにでもぼくは神田のそばに行きたかった。４年前、生死を共にしたあの時間、隣に神田がいなければぼくは希望を見つけられなかった。あのときと同じ状況が単独の神田に降りかかっているかもしれないということを考えると、遠く離れた陸上で何もできない歯がゆさを強く感じるとともに、悔しくて仕方なかった。

　最終報告地点にいたるまでに、スターライト号はすでに４３００キロを飛行し、時速は平均して１７３キロに達していた。そのあいだに神田は燃料を間違えて１本海に落としている。幸か不幸かそれで600キロは軽くなり、少しはバーナー効率もよくなっていたはずだ。残燃料はプロパンガスが2・5本（＝1375キログラム）だった。計算するとまだ38時間近いフライトが可能ということになる。さらに平均速度173キロを維持して飛行を続けた場合、燃料であるプロパンガスに7時間分の余裕をもってアメリカ大陸に到着可能となる。一方、もしも時速が139キロ以下に落ち込んだ場合、アメリカ大陸到達は不可能となる。

報告はこれが最後だったが、アメリカの沿岸警備隊の詳細な解析により、その後、神田が衛星電話に電源を入れて、電話を掛けようとしていたことがわかっている。国際協定標準時（UTC）の18時26分、すなわち日本時間の午前3時26分である。電話による最後の報告からわずか30分後のことだ。それまでは2〜3時間おきに本部への連絡があったのに、このときのインターバルはわずか30分。つまり、それは何らかの緊急事態が神田の身に起こったことを示している。そうでなければ、衛星電話の電源を入れることはなかっただろう。

神田が衛星電話の電源を入れ、電話しようとした位置は、北緯44度44分、西経176度37分だった。これは最後に報告を受けたポイントからほんの少し東の方向へ進んだところということになる。いったいここで何が起こったのか。

神田はELTをダウンスーツのポケットに入れて身につけていた。これは緊急時の現在位置発信装置で、手動式であり防水機能をもっている。前回はぼくがこのELTのスイッチを入れた。ここから発信される電波により、船舶はもちろん、飛行機のレーダーにも情報が伝わって、遭難者の位置は、付近を航行する者にたちどころに知れわたる。

問題はそのELTのスイッチを神田が入れていないことだ。ELTの電波なしに、広大な海上を漂流する豆粒のような避難用タンクを見つけることは不可能に等しい。少しでも風が吹けば海には白波が立つ。クリーム色の貯水タンクが白波のあいだを揺れていたとしても、空から確認することなどほとんど不可能だし、ましてや海上で目視するとなると、かなり接近しなければわからない。

それでもアメリカの沿岸警備隊は、航空機HC-130ハーキュリーズと空軍機C-130を使っておよそ10万平方キロメートルにわたる付近の海域を捜索し続けた。また、コンピュータによる漂流シミュレーションと精度の高い気象観測によってタンクの現在位置を見積もり、捜索範囲を拡大して日々神田の行方を追った。無論、空からだけではない。ヘリコプターを搭載した小型船を現場海域に急行させており、海上からの捜索も続けられた。

そんな中、アラスカのジュノーにある17区アメリカ沿岸警備隊より、神田が最後にいたと思われる地点から北東560キロの海上で青と白の筒状や茶色の漂流物を発見したという報告が日本の本部に入った。２００8年2月13日のことである。スターライト号の燃料シリンダーは、水色の保温シートと肌色の電気毛布にくるまれており、さらにその上から迷彩柄のカバーをかぶせていた。また、脱出用カプセルはベージュ系の色をしている。見つかった漂流物が神田の気球と直接関係あるものかどうかはわからないが、沿岸警備隊は調査のため、現地に船を送りこんだ。しかし、船が現場に着く頃にはそうした物体もどこかに流され、その後二度と発見されることはなかった。

その2日後、何の手がかりも見つからないまま2週間以上におよぶ神田の捜索は打ち切られた。冒険家に手篤《てあつ》いアメリカだから、悪天のときを除いて捜索は綿密におこなわれたに違いない。それでも何も見つかっていない今、ぼくたちはいったい何を信じればいいというのだろう。

ここから先は完全にぼくの推測でしかない。最後に神田が報告を入れた2月1日の日本時間午前3時、太平洋の真ん中では少し時間が進んでいるから、あたりは少しだけ明るくなってきていたかもしれない。しかし、それでも闇と海を区別できるだけの明るさではなく、自分がどの高さにいるかという判断もつきにくかっただろう。

ちょうど出発から丸一日が経過しようとするところで、神田の疲れはピークに達していた。出発前の準備時間を含めれば、神田は30時間近く寝ていないことになる。衛星電話で本部に最後の報告を入れた後、神田は少しの安堵感《あんどかん》から気を失った可能性もなくはない。瞬間的に眠りに落ちてしまった場合、バーナーの炎は焚かれないまま、気球は徐々に下降しはじめるだろう。ただ、市吉も竹澤も「眠るということはありえないと思う」とそれを否定する。たしかに50時間38分をほとんど寝ずに飛行した神田の経験と遠征の緊張を考えれば、寝てしまうということはないのかもしれない。

しかし、滞空時間記録と太平洋横断では飛行高度がまったく違うのだ。滞空時間記録のときは1000メートル程度のところを飛び続けたわけだが、今回は5000メートルから6000メートル前後の高高度である。寝不足による居眠りではなく、酸素不足による高度障害で眠ってしまうことは十分に考えられるし、居眠りをしていないにせよ相当に判断力を失っていた可能性は否定できない。前回の太平洋横断ではお互い仮眠のようなものをとっていたし、そうでなくても彼は目をつぶって動かなくなることが数回あったのだ。

最後の報告で神田は「雨が降っている」と言っている。5000メートル以上の高度で雨が降ることは考えられないが、神田が「雨が降っている」と言っていた以上、少なくとも雨か雪が球皮におりていたのは事実だと思う。単なる霧の発生などでは、雨だと感じるようなことにはならないからだ。そういった状況から考えると、神田はかなりの悪天候の中に突っ込んでしまったとも想像できる。竹澤は神田のいう〝雨〟について、こう推測している。

「本当にその高さで飛んでいれば雨はないだろ？　たとえ雨が降っていたとしても、直接顔にはあたらないよ。あれだけでかい気球だよ？　大きなテントの中に入っているようなもんだから。ただ、本当に雨が降っているときには、雨粒が気球の下のほうに集まって落ちてくる。それは雨どころじゃなくて、シャワーを浴びているようなものなんだ。だけどそうだとしたら、のんびり〝雨が降っている〟なんていう会話は成り立たない。真っ暗だから自分の目で見て〝雨が降っている〟と確認できる状況でもない。けれど、本人的には何か雨みたいなのがきてるわけ。気球って夜飛ぶと結露するから結露かもしれない。ワイヤーを伝って結構な量の水がくるんだよ。本気になって結露すると〝雨が降っているんじゃないの？〟っていうくらい水が垂れるの。あとは高度計の読み間違えか、急激に高度が下がっていて無線で話している時点と自分がいる高度がくい違っているってことも考えられる」

どんな高度にせよ、雨、雪、あるいは結露に遭遇したら球皮は水分を吸って重くなる。そうした場合、意識してバーナーを焚き続けなければ気球の落下速度は増すばかりである。神田の意識がはっきりして操縦もできていたとしても、〝雨が降っている〟という状況では、相当気を遣わなければ上昇はもちろん、高度を維持することさえ難しい。前回の遠征でも、本当は着水せずに海上すれすれを飛びながら救助を待つ予定だった。それが下降中に横殴りの雨や雪に遭遇して球皮が重くなり、ブレーキがきかなくなって、したくもないのに突如着水してしまったのだ。

市吉の意見も竹澤とそう違ってはいない。

「いずれにしても非常に短時間に予想しないことが起こったとしか考えられないのね。ELTのスイッチも入れられないほどの。もしこちらで確認できている高度が正しいとしたら、雨は降るわけがないから、それは雪か何かが球皮に付いて、それが滴《しずく》になって落ちてきたのかもしれない。いろんな気象の専門家に聞いても、絶対に雨は降らない高度なんだ。だから考えられるのは、高度を見間違っていたとか、フィートとメーターを読み間違えたとかそういうことだね。とにかく、かなり急速度で落ちたんだと思う。たとえ雪だとしたってあんな上空でそう激しくは降らないと思う。雪も雨も激しくなるのは下の方だから。下降中に雨に降られたら、この気球はだいぶ重くなる。ちょっとあのバーナーでは対応が間に合わないんじゃないかなと思うのね。で、あわてているうちに着水したと。それが一番考えられるところだと思う」

着水すれば気が動転する。まず神田は、着水してしまった海から再び気球を飛び上がらせようとしたに違いない。バーナーを目一杯焚いて、再度浮上させる。それがこの危機を乗り切る唯一の方法である。

しかし、あのバーナーでは焚いても焚いても、気球をすぐに上昇させることは難しかっただろう。それは球皮が水を吸って重くなってしまったことも関係しているし、あれだけ重い気球を再度浮き上がらせるためには、相当長い時間バーナーを焚き続けなければならないからだ。そして、バーナーを焚いているあいだに、衛星電話に手を伸ばし本部に連絡しようとしたが、ふくらんだ球皮が海上の突風にあおられ、バスケットは傾き、高波によって海水をかぶりはじめることになる。それが衛星電話の電源を入れた午前3時26分だった。衛星電話のスイッチを入れていれば、会話ができなくても位置はわかる。だが、電源を一瞬入れた形跡だけがあり、そのあとの位置を追えないということは、電源を入れたが喋《しゃべ》れずに、電話が水没したということだろう。

そのときにはすでに籐のバスケットが沈みかけ、避難用のタンクにも乗り移ることができずに、神田は海に放《ほう》り出されてしまったのではないか。だいたい海上でタンクの蓋《ふた》を開けてそこに乗り移ることが可能なのかどうか。もしタンクに乗り移ったとしても、バスケットとタンクをつなぐロープを切るために天井の蓋を開けなければいけない。荒れる海上で、水をかぶらずにそうしたことが果たしてできたのか。

神田は羽毛服のワンピースの上に緊急用のパラシュートを装着しており、揺れるゴンドラから入口のせまいタンクの中にうまく乗り移れなかったことも考えられる。海に投げ出されたら、ELTのスイッチなど入れている場合ではなく、何か浮いているものにしがみつくか、タンクまで泳いででもたどり着こうと考えるのが普通だ。とにかくしっかりと身につけていたＥＬＴのスイッチが入っていない以上、神田がタンクの中に避難して落ち着いた状況にいたとは考えにくい。

あの海域の天気図を市吉らが取り寄せて、気象の専門家にも調べてもらったところ、神田が飛んでいたアリューシャン列島南方、北太平洋上空には当時、中心気圧９７２ヘクトパスカルの台風並みに発達した低気圧があった。低気圧は気球の北西数百キロの上空にあり、その関係で気流が乱れる積乱雲のなかに入ってしまった可能性や、雷の影響を指摘する関係者もいる。つまり、あの海域は非常に天気が不安定だったのだ。

悪天候、それが今回の失敗の要因の一つとして確実にあげられる。突然気球が破裂したり割れたりといった事態は考えられないし、前回のようにちょっとした穴があいたところで、気球は急激に落下したりはしない。今まで見てきたように、球皮やバーナーなど機体にはいくつかの問題点といえなくもない点もあったが、それが駄目だからうまくいかなかったとは決して言い切れないものばかりだ。仮に最新の機材でおこなったとしても同じことは起こりうる。今回の着水（したかどうかは今もって証明できていないが）の直接的な原因は、総合的に見て、激しい悪天候のなかに突っ込んでしまったことであろうとぼくは考えている。

上空の天気が悪ければ当然、海上の波も高くなっている。前回の太平洋横断よりも海が荒れていたとしたら、タンクに乗り移ることなど到底不可能だったろう。

神田と同時期にガス気球による太平洋横断をねらって日本の佐賀で待機していたアメリカ人もいたのだが、結局、求めている風や気象にならなかったために、彼は飛行を断念した。神田は気象を自ら判断していたが、そのアメリカ人には専属の気象チームが付いていて、分析した結果が毎日パイロットのところへ送られてきていた。この年は太平洋上の天候が、今までの記録にあるようなパターンにないもので、アメリカでモニターしていた3人のプロ気象士でさえ見通しに苦労したという話もある。彼は2月末まで待機する予定だったが、気象の好転が見込めないと判断して、2月半ばには計画を切り上げて帰国している。

気球は自然現象にはどうしても逆らえない乗り物だ。「風と一体化し、風になる」というどこかで聞いたようなフレーズは、しかしあながち下手な比喩《ひゆ》ではない。

第七章　ひとつの冒険の終わりに

神田はたくさんの失敗を繰り返してここまできているが、気球の世界ではそれは決して特別なことではない。大西洋横断フライトに関しては、ヨーロッパ人が何十回も失敗をしてようやく成功している。ロジェ気球を使っておこなわれた世界一周飛行はブライトリングという時計メーカーのチームが3度目の挑戦で成功させ、単独世界一周飛行を成功させたアメリカ人のスティーブ・フォセットは個人的な試みも含めて5度もの挑戦をおこなった。気球遠征に失敗して帰国すると、計画の規模が大きければ大きいほどマスコミは同じ質問をしたがる。「原因は？　無念ではなかったか？」と。そのたびに冒険者たちは答えるのだ。

「求めている天気でなかったからやめるということ自体、そんなに特別なことじゃないですよ。過去の太平洋横断や大西洋横断の記録も……」と。

気球を知っている人間なら、誰《だれ》も成功していない試みが初の挑戦で成功することのほうがよっぽど希《まれ》であることを知っている。だからこそ生きて帰らねばならないのだ。生きて帰ればまた挑戦することができる。

神田の今までの挑戦は失敗しても最後には陸に降りることができたために、いつも九死に一生を得、再び空を見上げることができた。しかし、今回の太平洋横断の舞台は、四方に島影さえ見えない海原である。横断の失敗は着水を意味し、着水はすなわち死に直結する。２００４年の遠征で失敗しても助かったのは奇跡的なことであり、助からないほうが当たり前という文字通り命がけの冒険、それが今回の単独太平洋横断だった。神田自身もそのことは十分に理解しており、そのうえで遠征に臨んでいただろう。

神田の熱気球太平洋横断の試みは、自分にとって冒険とは何かを考える一つの転機だった。世間は時折ぼくのことを「冒険家」と呼ぶ。さまざまな場所で繰り返し発言してきたが、ぼくは自分のことを冒険家だとは思っていない。もっと断定的に言うならば、ぼくは冒険家になろうとも思っていないし、なりたいとも思わない。自分が今までおこなってきたことは自分にとっての個人的な冒険であったかもしれないが、神田のように、ある世界のなかで未知のフロンティアを開拓してきたわけではなく、まして前人未踏の地に足を踏み入れたわけでもない。他人にもてはやされるような、いわゆる〝冒険行〟など、ぼくは一切おこなっていないのだ。

自分が登った山も下った川も何人もの人がすでに同じことをしている。地球縦断の旅は一つのプロジェクトで自ら企画したものではない。そして、1回目の熱気球太平洋横断は神田の計画に参加したのであって、自分が主体だったわけではない。ぼくは心を揺さぶられる何かに向かって旅を続けている。本当にそれだけだといっていい。

ただ、今までさまざまな旅を続けるなかで、冒険、探検関係の人々とは親しく交流してきた。個性的で時に近寄りがたく、時に離れがたい彼ら彼女らをぼくは心から尊敬しているし、外から覗《のぞ》き込むようにして憧《あこが》れてきた。そういった世界を取り巻く人たちとは何らかの形で一度くらいは会ったことがあるし、友人も多い。だから、これまで冒険についてたびたび思いを巡らせてきたことは事実である。

神田がおそろしい実行力で牽引《けんいん》してきた気球による日本の冒険飛行はこれから下火になっていくのだろうか。市吉も竹澤もそうは思っていないようだ。市吉はいう。

「ぼくはそうも思わないけど。逆に何人もの人が挑戦して駄目だったら、〝今度こそは、自分ができるかもしれない〟と思う人もいるんじゃない？　大西洋なんてまさにそうだからね。ただ、例えば太平洋横断をするにしても、〝今までと何か違うことをやりたい〟という発想がでてくると思う。最近おこなわれたガス気球による大西洋横断も、ハイテクなカプセルなんかではなく、籐《とう》のバスケットで飛んだしね。〝がんばればできないことはないから、バスケットで飛んでみよう〟と。山登る人もみんなそうでしょ?」

すでに地図の空白がなくなった現在、地理的な冒険や探検といった行為は、時間が経《た》つにつれてどんどん不可能になってきている。ジャーナリストの本多勝一氏は、冒険の条件として「命の危険性」と「行為の主体性」の二つをあげているが、近代の冒険は、その後者が重要なのだ。それはつまり自己表現の問題とも密接に関《かか》わってくる。ここでいう表現とは、地図上に誰もたどったことがない軌跡を描くという意味である。これまでの人類の歩みを俯瞰《ふかん》して、その隙間《すきま》を見つけ、自分なりの方法で空白を埋めていく行為と言い換えることもできる。わかりやすいところでは、登山におけるバリエーション・ルートや、8000メートル峰を無酸素で登ることとや、厳冬期にどこそこを横断するとか、はじめて大陸の最高峰に全部登るとか、そういうことだ。未踏の地がなければ、点と点を結んで誰もおこなっていないことをすればいい。そうした点と点を結ぶのが厳しい土地、アクセスの難しい場所、思いもよらないルートを形成するなら、なおさらその注目度は増していく。冒険の世界には、海でも山でも空でも、そういう志向が必ずどこかに存在している。白紙のキャンバスに絵を描くためには表現力が必要なように、地理的な空白がなくなった時代を生きる現代の冒険家たちは、そこに特別な自分なりの題材を見つけなくてはいけない。だからこそ冒険者はアーティストでもあるといえる。

未踏の地なき時代の冒険が行き着く先は、そうしたバリエーションか、さもなければ観光旅行である。例えば大西洋横断飛行は何人もの気球乗りが成功したことによって、大西洋横断のレースまでがおこなわれるようになった。それは今まで一度きりしか開催されていないが、恒例化して毎年やろうという案も出てきている（ただ、それはリスクが大きすぎるとして、スポンサーがおりてしまい実現にはいたっていないのだが）。ヨットの世界も同じだ。堀江謙一《ほりえけんいち》の『太平洋ひとりぼっち』の時代とは違って、今では太平洋横断レースも世界一周レースも開催されている。あらゆるアウトドアスポーツの技術を駆使して順位を争う過酷なアドベンチャーレースなども同様である。山の世界ではヒマラヤのガイド登山を世話する旅行会社もあれば、南極の徒歩旅行をお膳立《ぜんだ》てしてくれる代理店もある。

遠征の過酷さや道程での苦労が知られることによって、その人物はいつしか冒険家や探検家と呼ばれるようになっていく。でも、それは世界地図にまだ見ぬ空白があった時代におこなわれた、本当に未知のものを探求するための挑戦とはまったく別のものではないか。

先ほど「現代の冒険」ではなく、「近代の冒険」という言葉を使ったのには理由がある。植村直己やラインホルト・メスナーの時代に、地理的な冒険は終わっている。そして、その瞬間、冒険家という存在自体もありえないものになったとぼくは思う。

昔と今とでは肉体的、地理的な冒険は、その意味がまったく異なってしまったからだ。例えば、命がけの精緻《せいち》な取材によって知られていない事実を明らかにすることや、無人の荒野に何日もとどまって誰も見たことがないような映像を持ち帰ることが、きわめて冒険的な行為であることは誰もが理解している。そういったことを追求していけば、何もハードな辺境の移動だけが冒険ではないことに多くの人が気づくだろう。地理的な冒険が消滅した現代の冒険とは、この世の誰もが経験している生きることそのものだとぼくは思っている。日常における少しの飛躍、小さな挑戦、新しい一歩、そのすべては冒険なのだ。

話を熱気球に戻そう。

今回、試みられた神田道夫の熱気球単独太平洋横断遠征は、昔ながらの冒険行をシンプルかつストレートに体現している。21世紀における遠征でありながら、「近代の冒険」の意志を色濃く受け継ぐ、わかりやすく、しかも創造性に溢《あふ》れた計画だとぼくは認識している。それはつまり、神田自身が植村直己の系譜の最後尾付近に位置する、昔ながらの冒険家気質を備えているということだ。

太平洋横断自体は世界初ではないけれど、自作気球でおこなうという点では優れて実験的であり、成功すれば世界初の試みとなる。そして、もちろん日本初の快挙であった。太平洋というフィールドは世界的に見ても一般に広く知られているし、「気球でアメリカまで行っちゃうの？」という誰もが抱く単純な驚きや夢がある。植村以降の〝冒険〟が、玄人にしかわからない局所的な移動行為とその凄《すご》みに関する評価に移行しつつあるなかで、神田の計画は個人的かつ純粋な行為であり、スケールが大きいことから多くの人を惹《ひ》きつける。今回に限って言えば、スポンサーがつくわけでも、広告代理店やテレビ局のサポートがつくわけでもない。しかも、神田は役場に勤めるサラリーマンで、気球を生業《なりわい》にしているわけではない。有給休暇をフル活用して冒険をおこなう究極のアマチュア冒険家である。そして、そこに技術の粋を尽くしたハイテク装備はないし、誰もが納得する綿密な計算や確信があるわけでもない。神田の頭のなかでは、必要十分な装備が用意され、緻密《ちみつ》な計算があり、成功の確信があったとしても、それはデータに基づいた客観的な信頼とは違う。しかし、それはごく当然のことで、確実に成功するとわかっていることをなぞるのは冒険ではないし、あらかじめ知り得ていることを確かめるのは探検ではない。だから、人は興味を惹かれるのだ。

　神田は気球のことを「道楽」であるという。そこには照れ隠しも含まれているのかもしれない。だが、彼にとって気球は本当に単なる道楽だったのだろうか？　道楽とは、いつでも身を引けるところでおこなわれる趣味のことをいう。神田と気球との交わりは、そのような緩いつながりではなく、もっと抜き差しならないものではなかったか。彼には彼自身の美意識があって、それを実践するためには一線を越えることも辞さなかった。公務員の仕事をしているときの神田は世を忍ぶ仮の姿であり、気球に乗っているときにこそ、生きている実感を得ることができた。さらにいえば、気球による前人未到の冒険を実行するときにこそ、彼は自分自身の存在を認め、まばゆいばかりの強い光を内側から放ちはじめる。神田にとって、気球は趣味でも道楽でもなく、自らの生と直結するアイデンティティそのものだったとぼくは考える。

世の中の多くの人が、自分の中から湧《わ》き上がる何かを抑えて、したたかに、そして死んだように生きざるをえないなかで、冒険家は、生きるべくして死ぬ道を選ぶ。ぶれずに自分の生き方を貫くことは、傍《はた》から見れば不器用に見えるかもしれないが、神田は本当の意味で生きていたのだ。自分の衝動にあらゆるものを賭《か》け、全力で生き続けたのだ。

今回の遠征の前に職場の親しい同僚は「体力的にも厳しくなってきたから、これでもう終わりにしようと思うんだ」と神田が漏らすのを聞いている。また、神田は太平洋横断後のことを記者に尋ねられると、「横断を成功させたら、ロシアのウラジオストックかナホトカあたりから仲間と一緒に飛びたい、楽しいフライトをしたい」ということを何度か口にしていた。この大きな遠征を終えた後は、記録がどうこうではなく、友達とみんなで緊張も強いられず、ストレスの溜《た》まらない自由なフライトをしたかったのだろう。常に大きな目標を掲げてきた神田にとって、熱気球の限界ともいえる太平洋横断は本当に最後の目標だったのかもしれない。

離陸直後にはあれだけ押しかけていた報道陣もいなくなり、静まりかえった家で今も帰りを待っている妻・美智子の言葉を思い出す。

「自分の好きなことをやって、短いあいだに凝縮した人生をおくったと思います。お父さんにとって悔いはないだろうし、本当に幸せだったんじゃないですか?」

第八章　悪石島漂着

2008年夏のある日、日本気球連盟から突然一本の電話を受け、ぼくは動揺した。

「ゴンドラが見つかったんです。吐噶喇《とから》列島の悪石島《あくせきじま》で」

知らせを聞いた瞬間に鳥肌が立ち、さまざまな思いが記憶の中で交錯して、何も言葉がでてこなくなってしまった。当然、神田のゴンドラがようやく発見されたという報告だと思った。

「神田さんの、ですか……?」

おそるおそる聞き返すと、しかし意外な答えが返ってきた。

「そう。だけど、ゴンドラ内の遺留品に〝石川〟と記名されたものがあったらしいんですよ」

つまり、それは2008年2月に行方不明になった神田道夫のゴンドラではなく、2004年1月にぼくと神田が第1回目の熱気球太平洋横断に挑戦した際に、荒れた海上に着水し、そのまま海の彼方《かなた》に消えたはずのゴンドラだったのだ。あの夜、ぼくたちは着の身着のままの状態でコンテナ船に救出され、ゴンドラを含む一切の装備を回収できなかった。てっきり海の底へ沈んでしまったと思っていたゴンドラが、4年半ものあいだ海上を漂い、あろうことか日本の秘境とも呼ばれる吐噶喇列島の悪石島の浜辺に漂着したのである。

柳田國男《やなぎたくにお》が記した『海上の道』の椰子《やし》の実《み》ではないが、日本から1000キロ以上離れた着水地点からの潮流を考えれば、ゴンドラは黒潮によって北米大陸の沿岸まで流れ出た後、赤道海流に乗り換えてUターンをし、太平洋を東から西へ再横断してまた日本に帰ってきたとしか思えない。ぼくはその軌跡と奇跡に、いまここにいない神田の執念を感じずにはいられなかった。

最後となるかもしれない彼の遠征について、それが成功しても失敗しても詳細な記録として残そうという気持ちが執筆の出発点だった。そして神田が行方不明になってから半年以上が経《た》ち、まとまった原稿を書き終えた今も、神田の冒険は終結を迎えてはいない。それどころか、また新たな手がかりさえ届いたのだ。ゴンドラ漂着の知らせは、彼が自分に向けて書き送った最後の手紙だと思っている。ぼくは吐噶喇列島の海辺で、一度は生死を共にした神田との長い対話を再び繰り返すことになるだろう。

あいにく南西諸島には大きな熱帯低気圧が近づいている。

「時化《しけ》で流される前に、来たほうがいいよ」

第一発見者である悪石島の有川浩一さんの言葉にも背中を押された。ゴンドラの中には4年半におよぶ海の旅を経てもなお、いろいろな機材が残されているという。ゴンドラが再び海に流れ出してしまう前にぼくは再会を果たさなければならない。すぐに悪石島へ向かおうと決心した。

吐噶喇列島は、そこへ向かうアクセス時間だけを考えたら、日本で最も遠い場所の一つである。何しろ鹿児島からフェリーで10時間以上かかるのだ。飛行場がないので、島へ渡る交通手段は船しかない。沖縄の離島でも飛行機を乗り継げば数時間で行ける昨今、東京などの都市部から到着まで12時間以上かかる場所など日本にはほとんど残っていないのではないか。

悪石島は鹿児島から南に300キロの場所にある深い森に包まれた断崖絶壁《だんがいぜっぺき》の島である。人口は当時85名ほど、面積はわずか7・49平方キロメートルしかない。鹿児島港を夜11時頃《ころ》に出発する「フェリーとしま」に乗ると、翌朝10時頃に島に到着する。所要11時間、東京からの飛行時間も入れたら、到着まで優に半日以上を要する。

悪石島という名前自体も一度聞いたら忘れられないが、それ以上にこの島を有名にしたのは、一年に一度、旧暦のお盆に奇妙な祭りが執りおこなわれるからだ。祭りの最終日に登場するボゼと呼ばれる仮面神の風貌《ふうぼう》は、メラネシアなど南洋の島々を彷彿《ほうふつ》させ、日本の他地域に類を見ない。また、２００９年の7月22日には、この島で１００年に一度観測できるかどうかといわれる皆既日食が見られるということで、世界的にもその島名が取りざたされた。

２００６年の夏、ぼくはこの島を一度訪れている。論文執筆のためのフィールドワークとして、お盆の祭りを取材したのだ。そのときは1週間ほど滞在し、ごく小さな島なので隅々まで歩いて回った。もう二度と来られないかもしれないという思いから入念に撮影したのだが、まさかこのような形で2年後に再訪を果たすことになるとはまったく予想していなかった。

あのときと同じ「フェリーとしま」の堅い床の上でぼくは朝を迎えた。二等船室では人々が毛布をかぶって雑魚寝《ざこね》をしており、自分もその群れの一人である。窓の外を見ると、懐かしい島影が見える。立神といわれる鋭利な先端を空へ突きだした岩が島の周囲にいくつかあり、それらのシルエットがこの島に人を容易に寄せ付けない威容を見せつけている。

悪石島の上空には灰色の厚い雲がかかっていた。標高５８４メートルの島の最高点、御岳《みたけ》の頂上は雲に隠れて見えない。肉眼で人の姿を確認できる距離までフェリーが島に近づいた頃、海面にイルカの群れが現れた。フェリーに併走しながら、海上を飛び跳ねている。2008年8月9日午前9時過ぎ、水先案内をしてくれたイルカの群れがゆっくりと船から離れていくと、島の唯一の港、やすら浜港が視界に入ってきた。

ゴンドラは港のすぐ近くの浜に揚がっていると聞いていたので、ぼくは甲板に出て岸を凝視し続けていた。名もなき島を発見した船乗りのように、自分の気持ちが高揚していくのがわかる。

断崖に囲まれたこの島のどこにゴンドラの打ち上がる余地があるのか不思議に思っていたのだが、やがて本当に港のすぐ近くの浜に、その場所にはそぐわない白い物体を発見した。そこは絶壁と港にはさまれた猫の額ほどの小さな浜で、ドラム缶並の火山岩がごろごろしている。確かにこれだけ港に近いと、海が荒れて再びゴンドラが海上に流されたとき、港内や船舶に入り込んでしまう可能性があるだろう。そうなったら、フェリーや漁船が出航する際に邪魔になるばかりでなく、船が損傷してしまうおそれも出てくる。

とにかく島に上陸して、ゴンドラがどういう状態なのかこの目で確かめねばならない。桟橋には出迎えの人々が来ていて、観光客は宿の送迎車のなかに吸い込まれていった。ぼくは桟橋に下り立つと、一人ゴンドラのある浜へ向かった。

やがて桟橋の付け根から右に曲がり、崖《がけ》をうねるように作られた急坂を登っていくと、やがて集落へ出る。断崖に沿って左に曲がる者は誰もいない。そこから先に道はないし、火山岩の浜で行き止まりになるからだ。生い茂った草をかきわけて道なき道を浜へ向かって進んでいくと、野生化した山羊《やぎ》の群れが飛び出てきた。おそらく家族だろう、子どもと思われる小さな山羊と立派な角を生やした大人の山羊がそれぞれ数頭いる。彼らはぼくと目が合うと、ゴンドラがある浜の奥へと一目散に逃げはじめた。

山羊を追いかけるように浜を進み、波に削られて丸くなった岩の上をサンダルの底でしっかりとつかみながら、とにかく歩いた。浜に入って数百メートルのところにゴンドラは斜めにかしいだ形で鎮座している。遠くから見ると4年半前に離陸したそのままの形を保っているようにも見えたが、間近で見ると、やはりあちこちが損傷していた。こびりついたフジツボや貝殻の類《たぐい》が、長旅を無言で物語っていた。目の前は海である。後ろには断崖がそそり立っていて、先ほどの山羊たちは、その断崖を必死に登ってぼくから遠ざかろうとしていた。

「よくここまでたどり着いたな……」それがゴンドラを見たときの正直な感想だった。宮城県沖1600キロ地点に着水し、太平洋を往復して日本へ帰り、地図の上では点に過ぎない悪石島の、しかもわずかに存在する小さな浜にうまく打ち上がるなどというのは奇跡というほかない。

ゴンドラの上部に備え付けられたバーナーなどはもうなかった。四方に付けられた強化プラスチックの窓はすべて割れている。タンクのまわりに装着したアルミの骨組みは、所々が曲がり、亀裂《きれつ》が入っている部分もあった。骨組みに巻き付いた赤、青、黄色の球皮の切れ端を見て、まざまざと在りし日の「天の川2号」の姿が浮かび上がってくる。

窓からゴンドラの内部を覗《のぞ》き込むと、内壁のあちこちに貝や海藻が張り付いているのが見えた。中の遺留品は錆《さび》や腐食で渾然一体《こんぜんいったい》としており、無惨な状態である。神田と自分が座っていた二つの中古車のシートは、鉄でできた土台部分やスプリングを残して、消えていた。シートの表面にあった布きれだけがわずかに残されている。ロープは機械類のコードと絡み合い、その合間にヘッドランプや手袋や目出し帽の残骸《ざんがい》が見えた。

ゴンドラの中に入って、一つ一つ残された装備を確認する必要がある。もしGPSやバログラフと呼ばれる機器が残っていれば、どこをどう漂流してきたのか、解析できる可能性があるからだ。また、カメラやフィルムが見つかれば、写真記録がよみがえるかもしれない。ぼくは離陸前のあのときと同じように、アルミの骨組みをつかんでゴンドラの上に上がった。ゴンドラは不安定な岩の上に乗っているだけなので多少揺れたが、プラスチックのタンクはぼくが上に登ってもびくともしなかった。

開口部を上から覗き込み、深呼吸をしてからゴンドラの中に入った。コックピットへ続くはしごの上部は折れてなくなっていたが、かろうじて上り下りできたのが救いである。ゴンドラの中に入ってはじめてわかったが、タンクの底は割れていた。これでよく浮いていられたものだ。まわりにつけた発泡スチロールのおかげだろう。発泡スチロールもまたいくつか損傷していたが、まだきっちりとタンクを覆っているものもある。

ぼくは持ち上げられるものから一つずつ装備を外に出していくことにした。こんなことなら軍手の一つでももってくればよかったと後悔しながら、素手でがらくたの山を掘り出していく。細かい鉄の破片や貝殻で、腕や手のひらが擦《す》り傷だらけになった。機械類から染み出した茶色の液体がサンダルの足先を這《は》っていくのを感じながら、爆撃か何かを受けた直後の建物を探索しているような暗澹《あんたん》たる気持ちになっていった。

出てきたのは、カメラ3台、三脚、消火器、無線、衛星電話、衛星携帯電話、ラジオ、高度計、バログラフ、カーバッテリー、各種充電器、ドライバーセット、ペンチ、ハサミ、手袋、時計、懐中電灯、ヘッドランプ、ガムテープ、発煙筒、酸素マスクなどだった。残念だったのはGPSが見つけられなかったことだ。GPSは水に浮くようにできているので、割れた窓などから流されていったのかもしれない。また何十本とあったフィルムもすべてなくなっていた。フィルムケースに入っていればこれらもまた浮力があるので流れ出てしまったのだろう。残っていたのは、重くて浮き上がらない道具類ばかりだった。ただ、そのすべては激しく腐食しており、カメラなどは黒い塊と化している。

気になったのは、一部の機器に燃えたような形跡があることだ。バッテリー類から出火したのだろうか。しかし、それにしてはゴンドラ自体には燃え移っていないし、部分的な焼失にとどまっている。海水が火を抑えたのかもしれない。

また、カラビナと鉄のワイヤーによってゴンドラと繋《つな》がっていたガスボンベはすべてなくなっていたので、波にもまれるなかで引きちぎれたのだろう。凄《すさ》まじい海の力に襲われながら、どうにかここまでたどり着いたゴンドラの構造自体は、決して間違っていなかったと思う。アルミの骨組みによる補強、発泡スチロールによる浮力増加、なにより貯水タンクをゴンドラに仕立てるという神田独自のアイデアは、優れて実用的であったことがここで証明されたのだ。ただし、2回目の遠征では、この仕様のゴンドラは使われていない。彼は通常使われるようなバスケットでおこなってしまった。もし同じゴンドラで飛び立っていたなら、こうしてどこかに打ち上がる可能性もあったかもしれないというのに。


ゴンドラを子細に調べているうちに、雨が降ってきた。島の頭上にかかっていた雲が下の方に降りてきて、空全体が灰色になっている。そのとき、港のほうから車のクラクションが聞こえた。

夢中でゴンドラを調べていたので気づかなかったが、すでに数時間が経過していた。ゴンドラの発見者である有川が心配して車で迎えにきてくれたのだ。

「最初は気球だとか何もわからず、ただの水タンクだと思ってたんだ」

浜の見回りをしていた有川が奇妙な白い物体を見つけたのは、2008年6月下旬の時化が終わった次の日だった。有川は島で唯一の出張所で、郵便物や荷物の宅配、フェリーの座席予約などを一手に引き受ける人物である。太い眉毛《まゆげ》と日焼けした浅黒い肌、がっちりした体軀《たいく》は何事にも動じない頼りになる男といった印象だ。

数日前、ゴンドラはすでに浜に打ち上げられており、有川が発見直後はゴンドラ内にまだムロアジなどの魚が生きていたという。数日後、有川が再びゴンドラを見に行くと、中の魚たちは死んでいたそうだ。

タンクの表面に貼《は》られた「埼玉気球クラブ」などのステッカーを見て、これが気球のゴンドラであることを察し、再び台風などで海に流される前に、彼はとりあえずゴンドラ内から1台のカメラを回収した。また、ゴンドラ内部には、上空で脈拍を測るためのパルスオキシメーター2台が残されていて、そこに「神田」と「石川」という名前が書かれているのを見つけたので、その機器も保管することにした。彼は鹿児島県の十島村《としまむら》役場と鹿児島の税関に漂着物の報告をし、そこから日本気球連盟に連絡がいって、その後にぼくに電話があったということらしい。

ゴンドラが打ち上がったのは海からすぐの場所だったが、月に一度の大潮の日に潮が満ちて、少しだけ陸の上の方に移動していた。いずれにせよ、満潮時に台風や時化がきたら、海に引き戻されてしまう不安定な場所ではある。以前、東海岸に沖縄の看板が一度流れ着いたことはあったそうだが、悪石島にこのような大きな漂流物が流れ着くことはめずらしく、島の人もその扱いに戸惑っている。かといって、自分一人でどうにかできるものでもないし、とにかく気球の関係者に相談して、今後のことを考えていかねばならない。ゴンドラは不安定な浜辺から、まず鹿児島港まで運ぶことになるだろう。

ゴンドラのことは、島でちょっとした話題になっていた。2年前に泊まった「なかむら荘」は中村スエさんという80歳近いおばあちゃんが一人で営んでいる民宿で、今回もここに宿をとったのだが、スエはぼくに会うなり「宇宙のなんかで来たんでしょ?」と言った。「宇宙のなんか」とはいったいなんだろう……? ゴンドラのことを説明したのだが、やっぱり事情がのみ込めないようだったので、ぼくは説明するのをあきらめた。ただ、浜に何かが打ち上がったことだけは理解してくれたようだった。

港で働いていた人たちは「あんたがバルーンの人かあ」と言って気さくに話しかけてくれた。漂着の経緯を説明すると、さすがに海の男たちは海流についてもよく知っているようで、「よくここまで来たよなあ」と言って感嘆の声をあげる。

宿で荷物を下ろすと、雨はますます強くなり、風も吹き荒れるようになった。台所にいたスエが誰《だれ》に語りかけるでもなく「最近は雨が降ってなくてねえ、今日は久しぶりだねえ」とつぶやいている。ぼくは民宿の縁側で強風に煽《あお》られて揺れ続けるソテツの木々を見ながら、このような風雨や高波にさらされ続けた末に漂着したゴンドラのことを未《いま》だ考えていた。割れた四方の窓と入口の開口部から海水がどれだけ入ってきたとしても沈まなかったゴンドラは、驚異的ですらある。しかもすべての装備は激しく腐食していたとはいえ、その多くが残っていたのだ。民宿の庭に引きあげた装備類を並べてみた。暗くなるまでぼくはそれらの道具を眺め続けていた。

その夜、宿にあった月下美人の花が咲いた。月下美人はメキシコの熱帯雨林を原産地とするサボテン科の植物だが、なぜそれがここにあるのかはあえて尋ねなかった。島では本当にあらゆることが起こりうるし、それでいいと思えてしまう空気がこの島には流れている。

月下美人は葉っぱの形をした茎の先から花をつけ、夜にしか咲かない。せっかく顔を見せてくれた花も、咲いた直後に一夜限りで儚《はかな》くしぼんでしまう。だから花自体を見られるのはきわめて希《まれ》で、ましてやつぼみが開く瞬間など、なかなか見られるものではない。その夜、月下美人は、強い芳香を放ち、色気さえ漂わせていた。花に無頓《むとん》着《ちゃく》なぼくですら、視線を離せなくなる妖艶《ようえん》な魅力があった。

「きっとあんたに見せたいと思って咲いたんだよ」とスエが笑いながら言った。月が出てからも、外はまだまだ強風が吹き荒れていた。

翌朝、再びゴンドラの内部に入り、鉄くずの山から出てきたペンチなどを使って、貝殻で覆われた部分をもう一度掘り起こしていった。昨日見つけたのとは異なるカメラなどを新たに発見し、ぼくはそれを大切に袋に包んだ。東京に帰ってからフィルムを取り出して現像できるか、カメラメーカーに相談しなくてはいけないし、バログラフや高度計はデータを取り出せるかどうか知人に相談しなくてはいけない。何より、島の人に迷惑をかけないよう、ゴンドラをフェリーに乗せて悪石島から鹿児島へ移動させる手はずを整えなければならない。帰ってからやらなくてはいけないことが山積している。

悪石島にはもう少し長居したかったが、そういった事情もあり、島で一泊してすぐに帰ることにした。鹿児島へ向かうフェリー乗り場で、有川が言う。

「次の大潮はお盆明けだから、それまでに連絡をくださいね」

あと1週間のあいだに、ぼくはこのゴンドラの行き先を考えなくてはいけなかった。神田がいたら、その場で解体しただろうか、あるいは、引き取っただろうか。

「海に着水してもこれなら浮かんでいられるから」

そう何気なく言っていた神田の顔を思い出す。確かにゴンドラは4年半ものあいだ、海の上を漂っていた。このゴンドラは、神田があらゆる事態を想定し、計算したうえで設計したもので、それらが間違っていなかったという一つの証左にもなるだろう。「絶対に成功するとわかっていたら、それは冒険じゃない。でも、成功するという確信がなければ出発はしない」と神田は言っていたが、だとしたらやはり太平洋上空で彼の身の上に予想外の出来事が降りかかり、急激に状況が変化したということになる。流れ着いたこのゴンドラをぼくは神田に見せてあげたかった。

フェリーが汽笛をあげて桟橋を離れはじめた。桟橋には数人の島民が見送りにきており、フェリーの上から観光客や友人らが手を振っていた。ぼくは他の誰でもなく、海辺にたたずんでいるゴンドラに向かって手を振った。それは空の果てか海の彼方にいるであろう神田道夫への再会と別れの挨拶《あいさつ》でもあった。

神田さん、あなたはいまどこにいるのですか。仲間たちは半ばあきれながらも、心の底ではみんな神田さんを応援していたんですよ。もう一度、帰ってきてください。ぼくたちのところに。ぼくたちみんながいる、この世界に。

資料

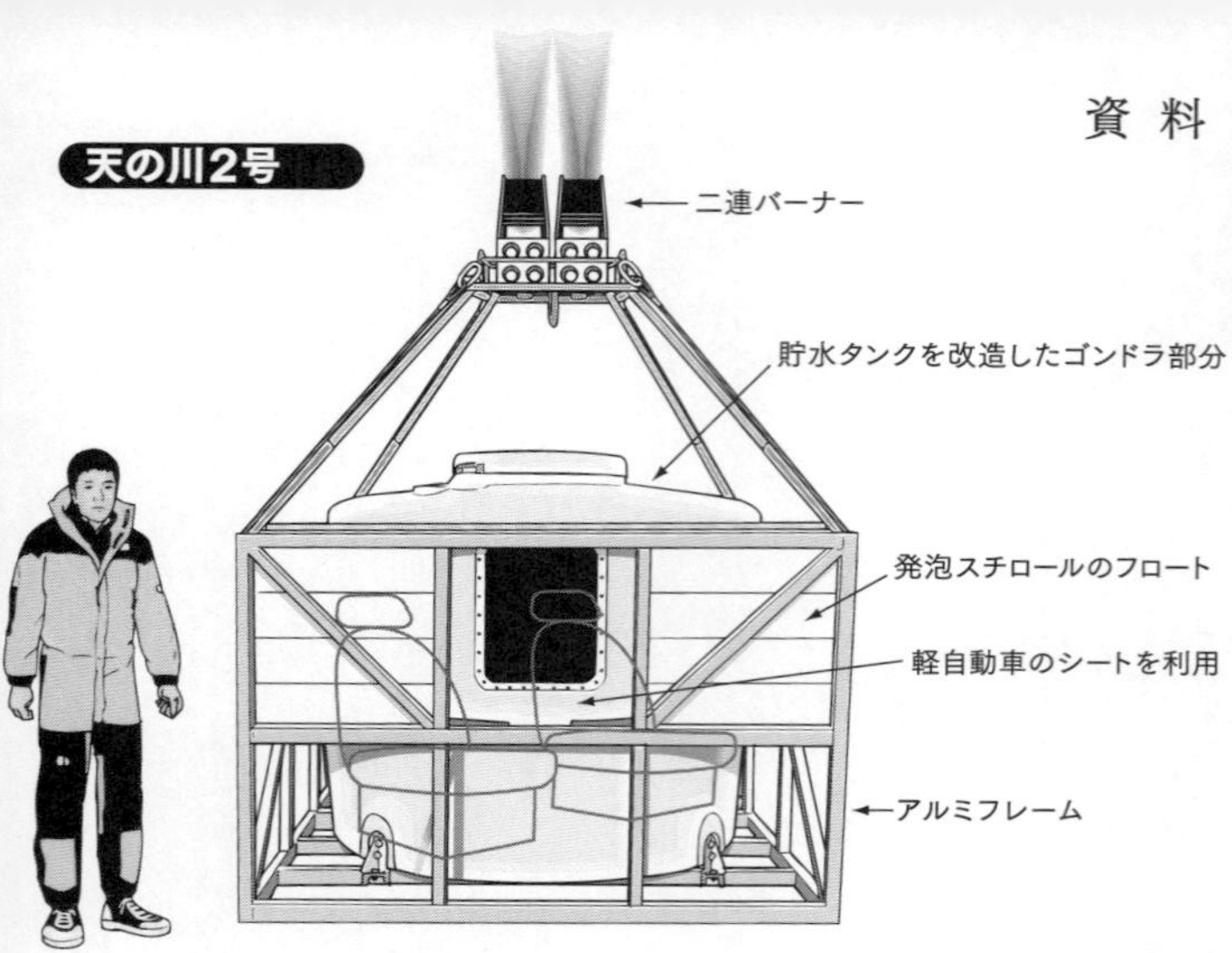
天の川2号
二連バーナー
貯水タンクを改造したゴンドラ部分
発泡スチロールのフロート
軽自動車のシートを利用
アルミフレーム

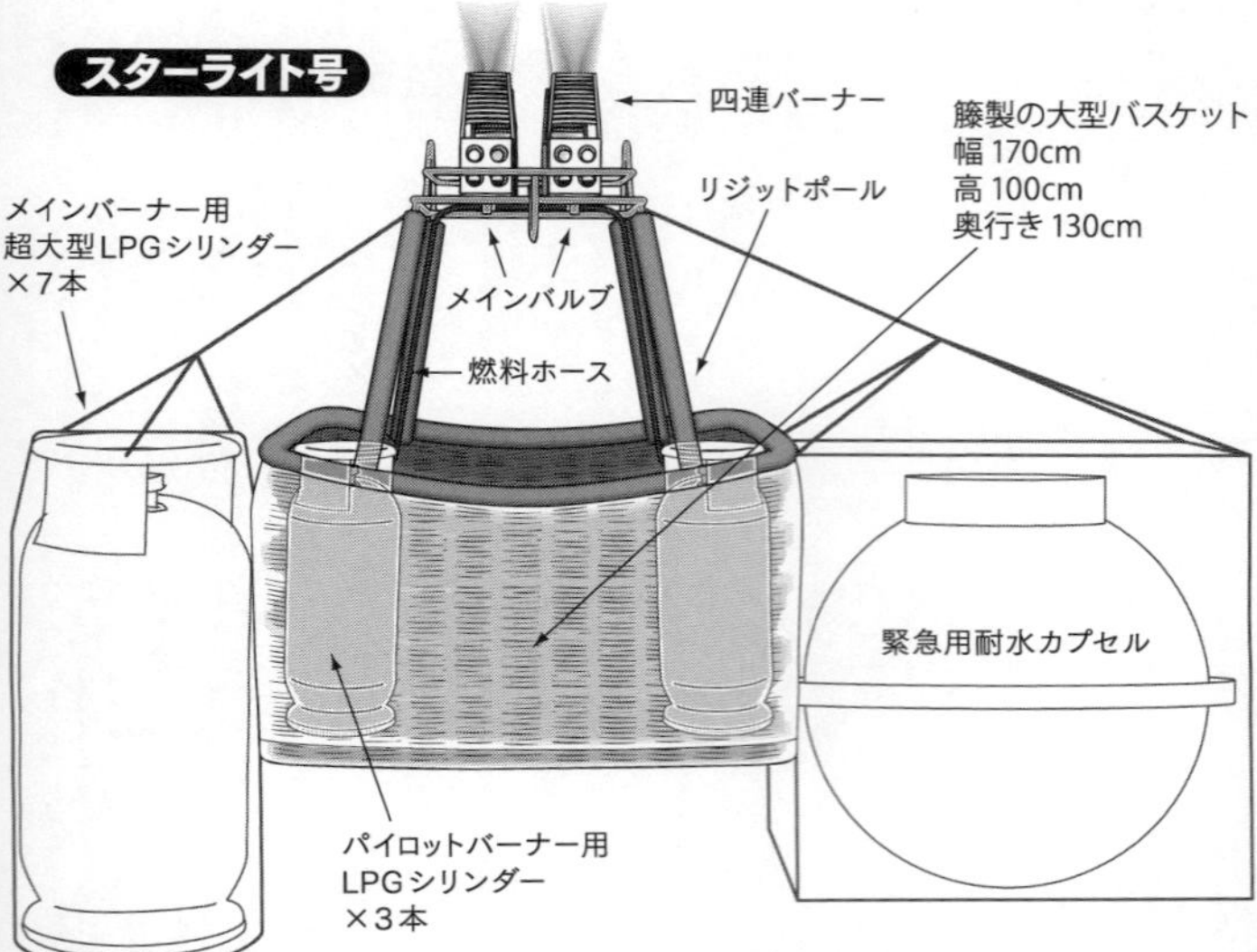
スターライト号
四連バーナー
籐製の大型バスケット
幅 170cm
高 100cm
奥行き 130cm
メインバーナー用
超大型LPGシリンダー
×7本
リジットポール
メインバルブ
燃料ホース
緊急用耐水カプセル
パイロットバーナー用
LPGシリンダー
×3本

天の川2号 と スターライト号 の大きさの比較

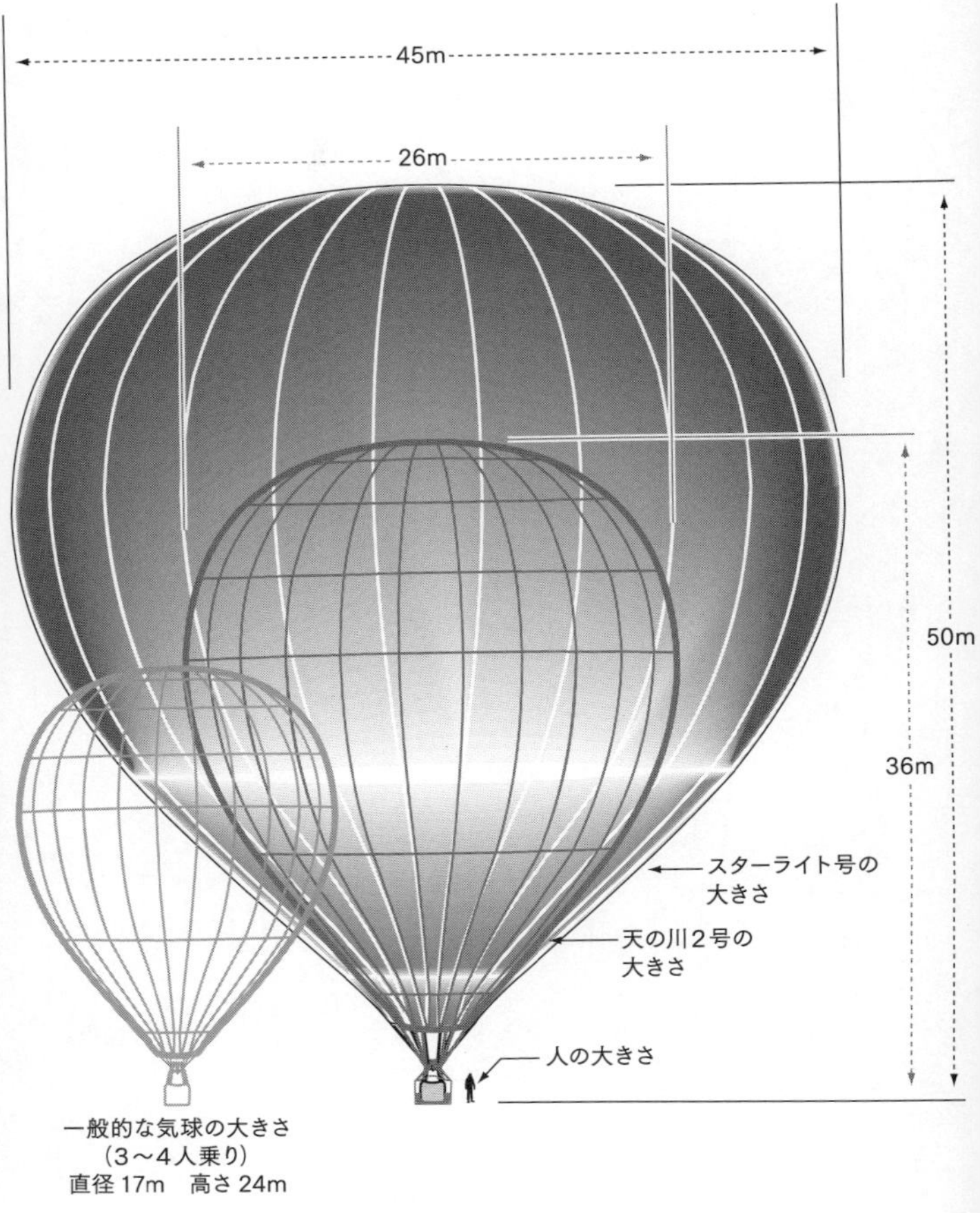

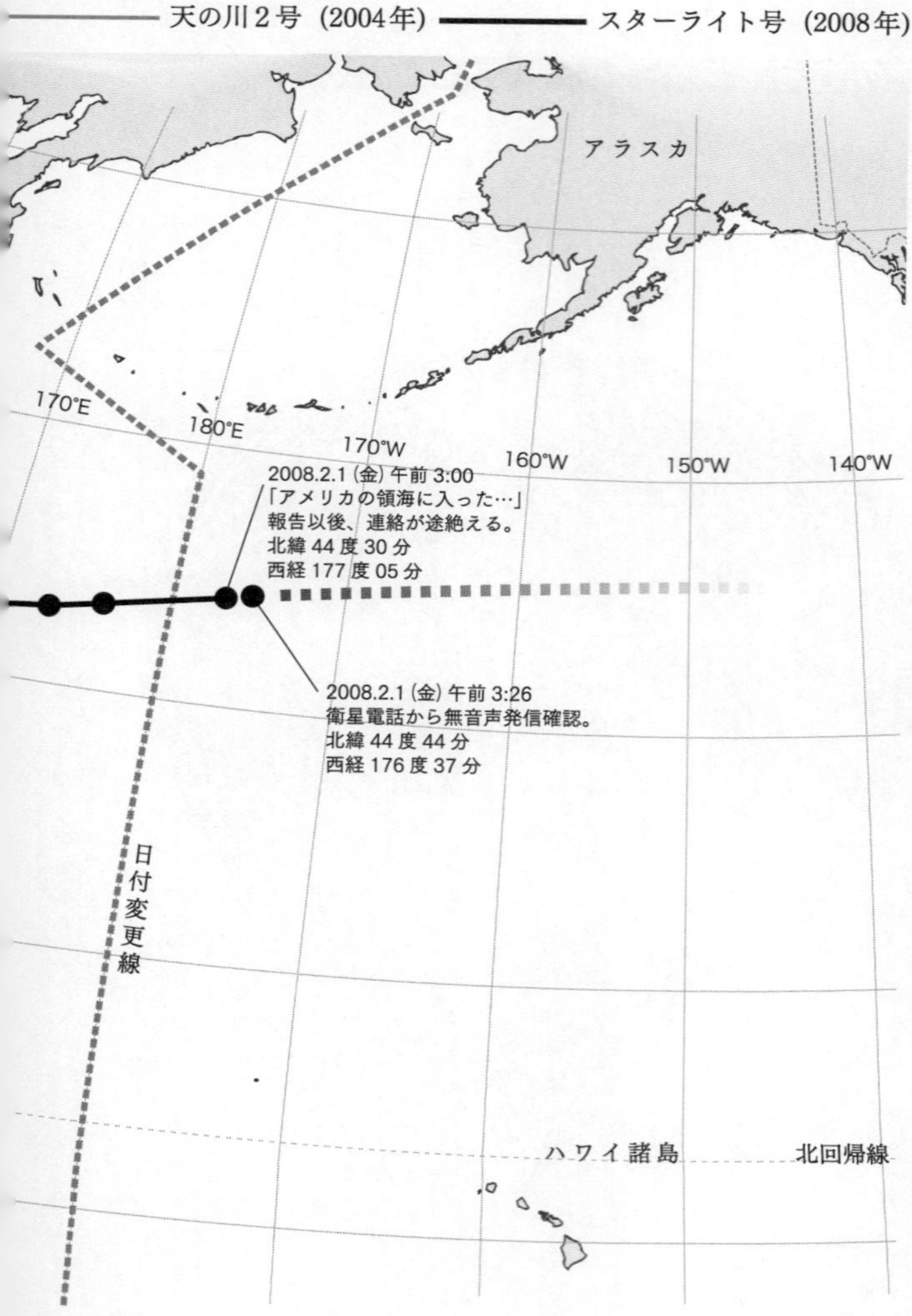

天の川２号（2004年）
スターライト号（2008年）
アラスカ
170°E
180°E
170°W
160°W
150°W
140°W
2008.2.1（金）午前 3:00
「アメリカの領海に入った…」
報告以後、連絡が途絶える。
北緯 44 度 30 分
西経 177 度 05 分
2008.2.1（金）午前 3:26
衛星電話から無音声発信確認。
北緯 44 度 44 分
西経 176 度 37 分
日付変更線
ハワイ諸島
北回帰線

神田道夫による熱気球太平洋横断遠征の軌跡

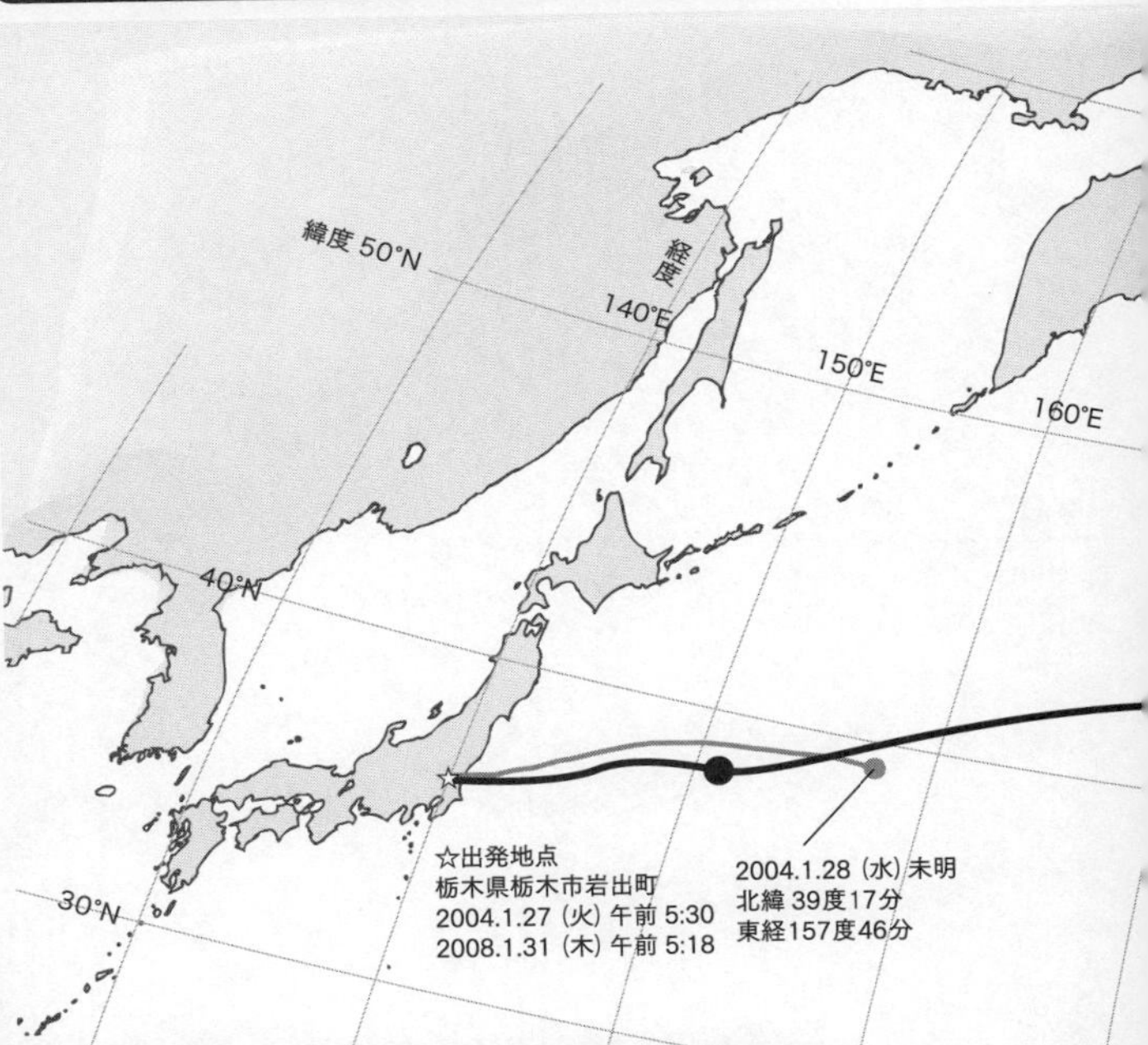

スターライト号（2008年）の搭載品と重量

球皮	1430kg
ゴンドラ	175 kg
搭載燃料メイン	4570 kg
搭載燃料パイロット	120 kg
4連バーナー	52 kg
バーナーカバー	10 kg？
乗員（1名）	70 kg
酸素　50×3	150 kg？
バッテリー	20 kg
トランスポンダー	8 kg
水　40リットル	45 kg
食料カロリーメイト 25日分	2 kg？
緊急用カプセル	200 kg
気象実験機材	5 kg？
通信機器類	8 kg
マニフォールド接続機器類	10 kg
衣類　ドライスーツ	5 kg
小計	6880 kg

『風船』No.130　市吉三郎「神田道夫とスターライト号」より（機材重量は推量によるもの）

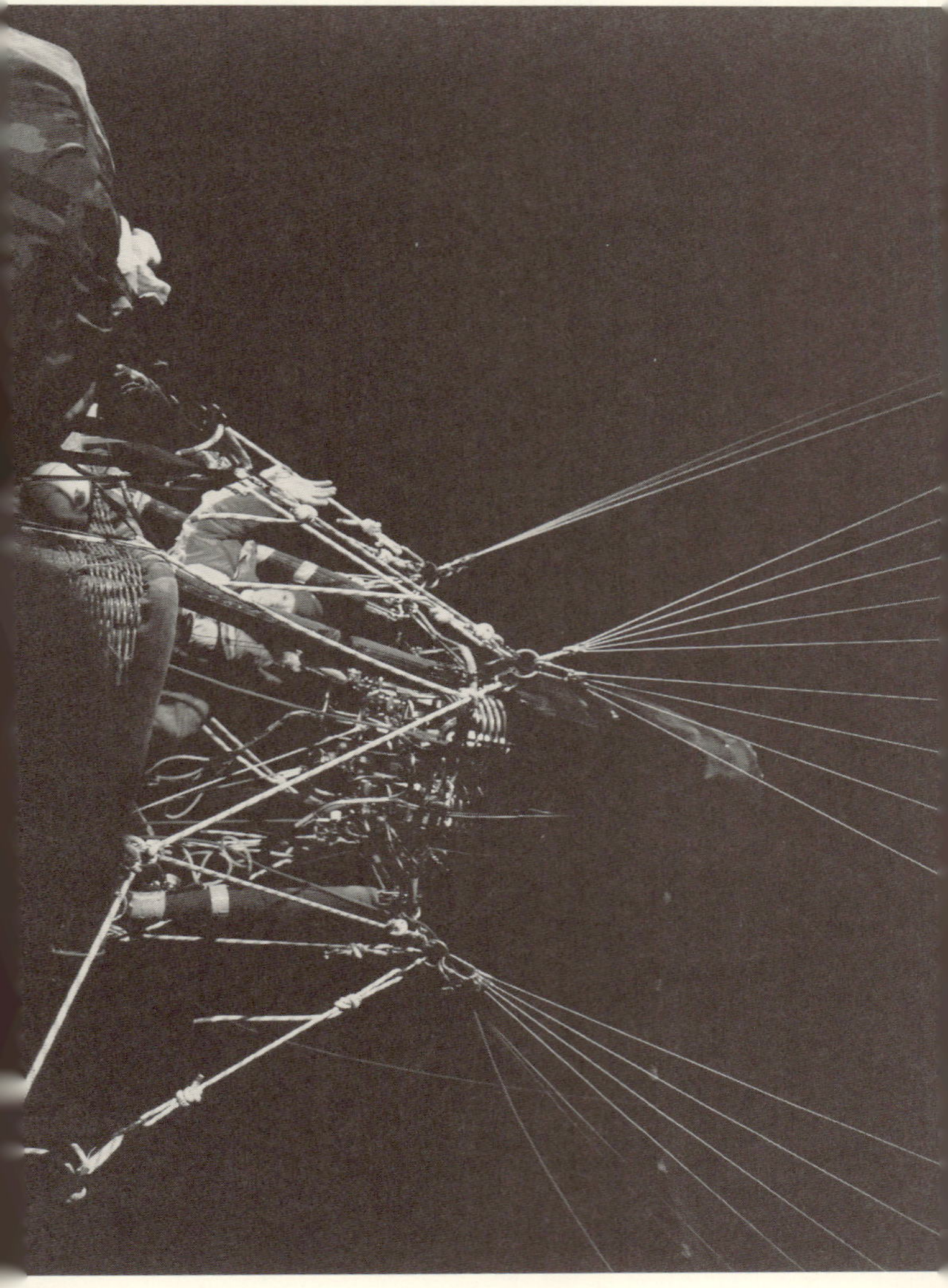

資料写真

巻頭　（表）著者と神田道夫
（裏）悪石島の港近くの海岸に漂着した天の川２号。ゴンドラ内で発見されたカメラから出てきた撮影済みのフィルムを現像してみると、奇妙な模様が浮かび上がった。

P200　2008年１月31日早朝、神田は栃木県にある高校のグラウンドから飛び立った。

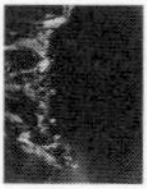

P201　大勢のマスコミが駆けつける中、スターライト号の出発を見守る神田の仲間たち。

P202　フェリーから臨む悪石島。吐噶喇列島の小島は鹿児島港から船で11時間かかる。

P203　４年半ぶりに対面した、天の川２号。

P204　四方の窓は割れ、内壁には貝や海藻が張り付き、底にはまだ海水が溜まっていた。

P205　ゴンドラの内部に残された遺留品は錆と腐食で渾然一体となっていた。

解　説

文月悠光

私が石川直樹さんのお名前を知ったのは、高校三年の夏のことである。学校で目立ち過ぎないよう、波風を立てないよう、気を配っていた私にとって、教室での時間は重く息苦しかった。我慢できなくなったときには、二階奥の暗がりにある美術室へ飛び込んだ。油絵の具のにおいと、窓辺のほこりっぽい日差しが私を包みこみ、かたく握っていた手を緩ませた。朝のホームルームぎりぎりに教室の席についてから、六時間目の授業が終わるまで、私の頭の中は四つの事柄で埋め尽くされている。美術室に置いてきた描きかけのキャンバスのこと、いま書いている詩の終わりの一行のこと、入稿間際の詩集のこと。そして、これから自分はどうなるのだろう、どうすればよいのだろう、ということ。

その頃、「アフンルパㇽ通信」（発行・書肆吉成）という札幌の小冊子に、詩を連載していた。編集の吉成秀夫さんは、冊子の表紙に石田尚志さんや在本彌生さんなど、それぞれ印象的な作家の写真を使用しており、私は毎号その表紙が楽しみであった。

七月、執筆者である私の手元に、最新の八号が届いた。

どきりとした。夏特有の火照りが、目の辺りから鋭く冷えていくようなその表紙。それは、上空から見下ろすように撮影された富士山の写真だった。山は白い雪の血を滲ませながら、大きく脈打っている。真っ白な乳をぎゅっと抱いているようでもある。私は写真に切り取られたその山を恐ろしく思い、同時に近しく愛おしいものに感じた。圧倒されて、魅せられて、目を離すことができなかった。これが富士山という山なのか。こんな風景が日本に存在するのか。裏表紙の余白には〈シリーズ『Mt.Fuji』より　写真／石川直樹〉とあった。私は素直にこう感じた。石川直樹さん——この人の写真をもっと見てみたい。

それ以来、石川さんのお名前を、折々意識するようになった。写真集、文芸誌「群像」の表紙、新聞のエッセイ、展示のパンフレット……。石川さんの写真には、いつも発見があった。厳しい自然が覗かせる優美な表情、その土地で生まれた人々の暮らし。私は、石川さんの写真を通して、様々な場所に佇《たたず》んだ。あたたかな泥、ちくちくと足裏を刺す草、波に洗われて柔らかな砂浜、きりきりと冷たい氷の大地。想像の中で様々な地面を踏みしめ、味わった。

ある日、学校の進路相談室の前に、予備校のフリーペーパーが積まれていた。めくってみると、石川さんの全身を写した写真と、インタビューの文章が載っていた。私はそれを家に持ち帰り、好きな作家のインタビュー記事と共にスクラップした。インタビューは、石川さんの高校時代のエピソードに触れていたように思う。原点となったインドへのひとり旅のこと。川下りのこと。山のこと。生きるという冒険のこと。

　私はそれまで、石川さんを〝写真家〟として認識していたため、意外に思った記憶がある。なぜそのような場所に出かけるのだろう？　写真を撮るため？　それとも、生きるため？　冒険に向かわせる何かがあるのだろうか？　石川直樹という人の中には、他の人とは少し異なった熱が渦巻いているに違いない。「歩く」という動作ひとつ取っても、私には想像もつかない多くの知恵と経験を動員して、その人は歩んでいるのだろう。

　この場所も、この時間も、世界のすべてじゃない、人生のすべてじゃない。目が開かされる思いがした。いまをうまく泳ぎきれなくても構うものか、ここは本当の居場所じゃないのだもの……。私はいつしかそんな気持ちで、教室での時間をやり過ごすようになった。

　その一年後、大学進学のために上京してから半年ほどが経った頃、編集者の紹介で石川さんにお会いできることになった。石川さんが参加する「トランスフォーメーション」展のオープニング・レセプションの席である。どきどきしながら、東京都現代美術館へ向かった。オープニング・セレモニーが始まると、司会者が次々に出品作家たちを紹介していく。人垣の中、背伸びをして目を凝らす。「石川直樹さんです」。会釈をしたその人は、奇抜な格好のアーティストたちの中では、いたって「普通」な印象だった。力の抜けたラフな装いで、後ろに手を組んで立っている風だ。日に焼けてくっきりとした肌と、誠実そうに伸びた背筋が、遠目にも印象的である。

展示会場で編集者に声をかけられると、お忙しいだろうに、石川さんは丁寧に応じてくださった。近くで見ると、落ち着いた雰囲気の中に、どこか少年のような輝きを含んでいて、私はそれを石川さんの目の中に強く感じた。握りしめていた「アフンルパル通信」を差し出すと、「ああ、これに書いてたんだね」とうなずいてくださった。

そのとき会場に展示されていた石川さんの写真も、また忘れ難い。大きく引き伸ばされた北極の白い大地は、展示空間の白い壁によってさらに広がりを与えられていた。橇《そり》を引く犬たちは、凍てつく地を蹴り駆けていく。彼らの息遣いが生々しく響き、耳を打った。空間ごと北極を連れ込んだようである。石川さんの目の向から先に、この不思議な美しい光景があるのだろうか。私はそこで深く息を吸い込んだ。

次にお話しする機会があったのは、その年の十二月のことだ。石川さんと、詩人で翻訳家の管啓次郎さんが書店で行ったトークショーに出かけた。石川さんは、写真集『CORONA』にサインをしながら、「詩集読んだよ。よかった」と何気ない調子で私に告げた。私はすっかり驚いて、なんて身軽で素敵なひとだろうと思った。一度、大きなレセプションで会っただけの一〇代の女の子の詩集を、たった一ヶ月の内に手に取るひとが、どれだけいることだろう。それを重々しく伝えてこない点も、他の大人とは違っている気がした。

石川さんの写真は、ときに途方もない極地を写し出すので、カメラという目だけがそこへ出かけたのだと、無意識に思い込んでいた。そうでなければ、写真の光景は私にとって説明のつかないものであった。しかし当然ながら、撮影にはいつも生身の肉体を伴う。環境に順応できなければ、死に至ることもある。命がけで切り取られた事実とは裏腹に、その光景はしんと黙っていて、見つめる私たちを静かに受け入れる。

写された自然、人々、動物、ひとつひとつがドラマをはらむ。ゆえに、同じ風景を切り取ることは二度とできない。そこには物語があふれている。一歩一歩確かに踏みしめた旅の記録でもあるからだろうか。そう気づいたとき、カメラの視点はそのまま石川さんの揺るぎないまなざしに変わった。一枚の写真の中に何かしら大切な発見があり、美しさが秘められている。目の前にあるもの全てを捉えようとする執念がある。そのような写真は、(冒険家であることを自ら否定しながらも)〝冒険〟という概念を意識し続ける石川さんにしか撮れないものではないか。

どんなに言葉を尽くしても描き出せない瞬間を石川さんは、ひとひらの写真で示してみせる。と共に、自身のからだに刻み込んだ体験を、等身大の言葉で淡々と読者へ響かせてくる。私は思わず嫉妬してしまう。言葉で欲張ってはならないことを、石川さんはどこで教わったのだろう。

本書における石川さんの文章にも、ブレのない客観性が感じられる。自身の体験を言葉に換えながら、読者の感性や疑問を汲み取ることを忘れない。ときに感覚へ訴えかけるような描写があったとしても、それは石川さんの実感によるものなので、自然と説得させられるのだ。語りの視点が定まっており、読みやすいことは勿論、読者を引き込む力を持っている。選ぶ言葉はとても正直だし、正直になるべきところを見極めていることが端々から感じられる。

神田は気球のことを「道楽」であるという。そこには照れ隠しも含まれているのかもしれない。だが、彼にとって気球は本当に単なる道楽だったのだろうか？　道楽とは、いつでも身を引けるところでおこなわれる趣味のことをいう。神田と気球との交わりは、そのような緩いつながりではなく、もっと抜き差しならないものではなかったか。

誰かを敬うことと、その人を褒めたたえて祭り上げることとは違う。本書の主人公である神田道夫さんに関しても、一貫してそのような態度で描き出している。対象と適度な距離感をとった文章に、やはり写真と同じような揺るぎなさを感じた。あくまでも現実を見つめて、喜びも悲しみも全てはそこにある、というように。
石川さんや、神田さんに対して、「なぜ危険な旅に出るのか」「なぜ記録に挑戦するのか」と問いかけるのは、ひどく無粋なことかもしれない。答えはすでに石川さんが綴った文章や、切り取った写真の中にあるからだ。石川さんは言っているではないか、「神田にとって、気球は趣味でも道楽でもなく、自らの生と直結するアイデンティティそのものだった」「神田は本当の意味で生きていた」と。命をかけるだけの意味があるから、人は目の前の何かと戦うのだと思う。

地理的な冒険が消滅した現代の冒険とは、この世の誰もが経験している生きることそのものだとぼくは思っている。日常における少しの飛躍、小さな挑戦、新しい一歩、そのすべては冒険なのだ。

石川さんの文章は、写真は、自分の目の前にある日常が未知の世界に繋《つな》がっていることを、いつだって思い出させてくれる。この空は途切れることなく広がっているのだ。見上げれば、地球という惑星に生きるちっぽけな自分が、けれどもその限りない可能性が見出される。そのことを確信するとき、私たちは冒険の一歩を踏み出しているのかもしれない。

（ふづきゆみ・詩人）

本書は二〇〇八年一一月、集英社より刊行されました。

本文写真・石川直樹
本文デザイン・祖父江慎＋cozfish
本文イラスト・松原三千男

集英社文庫

最後《さいご》の冒険家《ぼうけんか》

2011年9月25日　第1刷
2025年8月13日　第5刷

定価はカバーに表示してあります。

著　者　石川直樹《いしかわなおき》

発行者　樋口尚也

発行所　株式会社　集英社
東京都千代田区一ツ橋2-5-10　〒101-8050
電話　【編集部】03-3230-6095
【読者係】03-3230-6080
【販売部】03-3230-6393（書店専用）

本文組版　昭和ブライト写植部

印　刷　TOPPANクロレ株式会社

製　本　TOPPANクロレ株式会社

フォーマットデザイン　アリヤマデザインストア　　マークデザイン　居山浩二

ISBN978-4-08-746742-0 C0195